Liselotte Folkerts

Goethe in Westfalen

Kunst und Kultur
in Westfalen

Band 1

LIT

Liselotte Folkerts

Goethe in Westfalen

Keine Liebe auf den ersten Blick

LIT

Bibliografische Information der Deutschen Nationalbibliothek
Die Deutsche Nationalbibliothek verzeichnet diese Publikation in der
Deutschen Nationalbibliografie; detaillierte bibliografische Daten sind
im Internet über http://dnb.d-nb.de abrufbar.

ISBN 978-3-643-10938-5

© LIT VERLAG Dr. W. Hopf Berlin 2010
Verlagskontakt:
Fresnostr. 2   D-48159 Münster
Tel. +49 (0) 2 51-620 320   Fax +49 (0) 2 51-922 60 99
e-Mail: lit@lit-verlag.de   http://www.lit-verlag.de

Auslieferung:
Deutschland: LIT Verlag Fresnostr. 2, D-48159 Münster
Tel. +49 (0) 2 51-620 32 22, Fax +49 (0) 2 51-922 60 99, e-Mail: vertrieb@lit-verlag.de
Österreich: Medienlogistik Pichler-ÖBZ, e-Mail: mlo@medien-logistik.at
Schweiz: B + M Buch- und Medienvertrieb, e-Mail: order@buch-medien.ch

Inhaltsverzeichnis

Vorbemerkung 09

Goethes Reise durch Westfalen im Jahr 1792

Goethes Besuch in Münster 13
Die Stadt Münster 13
Fürstin Amalie von Gallitzin 13
Franz Freiherr von Fürstenberg 15
Frans Hemsterhuys 19
Anton Matthias Sprickmann 21
Johann Georg Hamann 22
Friedrich Jacobi 22
Die Gemmensammlung 25
Der neue Amor 26
Gesprächsthemen 27

Die Rückreise von Münster nach Kassel 29

Goethes Reise nach Bad Pyrmont im Jahr 1801

Im Kurort 33
Umgang mit anderen Kurgästen 34
Das Wundergeläufe des Jahres 1556 36
Die Dunsthöhle 36

In der Umgebung von Bad Pyrmont 37
Spaziergang nach Lügde 37
Die besondere Hausinschrift 37
Im Franziskanerkloster 37
Am Kristallberg 38
Interesse für den Ort der Varusschlacht 39
Die Externsteine 39

Bad Pyrmont heute 41

Goethes westfälische Bekannte

Johann Michael Freiherr von Loen   43
Justus Möser   44
Johann Heinrich Jung gen. Jung-Stilling   45
Anton Matthias Sprickmann   46
Nikolaus Meyer   46
Franz von Sonnenberg   47
Werner Freiherr von Haxthausen   48
Karl Reichsfreiherr vom und zum Stein   49
Christian Conrad Wilhelm von Dohm   50
Johann Hyazinth Kistemaker   50
Theodor Katerkamp   51
Rudolph Simon Brandes   51

Wirkung in Westfalen - zur Literatur

Johann Moritz Schwager   53
Johann Wilhelm Pustkuchen   54
Franz Caspar Bucholtz   54
Caspar Zumkley bringt Goethegedichte in ein Schulbuch   54
Phillip Heinrich Perrenon verlegt Goethes Stella   55
Friedrich Rassmann   55
Der Oberpräsident ist uninteressiert   57
Pauline Fürstin zur Lippe schätzt nur die Farbenlehre   57
Annette Freiin von Droste-Hülshoff   57
Kein Goethe in Leihbibliotheken   57
Christoph Bernhard Schlüter   58
Christian Grabbe   59
Levin Schücking   59
Karl Leberecht Immermann   59
Eduard Michelis   61
Christian Ernst von Klitzing   61
Elisabet Ney   64
Paul Löbker   64
Elise Rüdiger geb. Freien von Hohenhausen   64
Ludwig Wüllner   65

Lily Braun 66
Hermann Hüffer 66
Peter Hille 66
Augustin Wibbelt 67
Clara Ratzka 68
Edith Stein 68
Goethe im Pressealmanach 1928 70
Goethe im Civilclub Münster 70
Friedrich Muckermann 70
Goethe in einem Lied der Geografia 71
Peter Wust 71
Heinrich Rothert und Walter Lampe 71
Goethetage 1949 71
Erich Trunz 72
Ewald Reinhard 73
Der einzige Goethebrief 74
Kein Straßenname für Goethe? 75
Der Internationale Ferienkurs und Goethe 76
Alwin Binder 76
Otto A. Böhmer 76
Klaus Siewert 77
Mathilde Köhler 77
Hannes Demming 79
Winand Geuking 79

Goethe und die Bildende Kunst in Westfalen

Der Dichter schätzte einige westfälische Künstler 81
Ein Meister von Paderborn an den Externsteinen 82
Eine silberne Taufschale aus Cappenberg 82
Israhel van Meckenem 82
Ernst von Valentini 83

**Westfälische Künstler setzen sich mit der Person
und dem Werk Goethes auseinander** 84
Engelbert Seibertz 84
Reinold Theobald Freiherr von Oer 84

Heinrich Fleige   87
Anton Rüller   87
Melchior Lechter   89
Fritz Grotemeyer   90
Aloys Röhr   90
Paul Waldow   91
Waldemar Mallek   91
Hans Pape   91
Bernhard Peppinghege   91
Hans Georg Dornhege   92
Bernhard Kleinhans   92
Rudolf Breilmann   93
Hans Kröger   94
Bernd Fülster   94

Andere Künstlerarbeiten am Standort Münster   95
Felix Hoffmann   95
Eduardo Chillida   95
Bernt Droste   97
Ilja Kabakow   97

Goethekarikaturen   98
Ludwig Emil Grimm   98
Waldemar Mallek   98
Andreas Rulle   98
Werner Benkhoff   99
Rainer Karliczek   99

Westfälische Komponisten vertonen Goethetexte   101
Andreas Romberg   101
Alphons von Vagedes   101
Annette von Droste Hülshoff   102

Literaturverzeichnis   103
Abbildungsverzeichnis   109
Impresssum   118
Dank   119

Vorbemerkung

In einem Schulaufsatz des Jahres 1947 befasste ich mich als Schülerin des Freiherr-vom Stein-Gymnasiums erstmals mit dem „Kreis von Münster". In diesem Kontext

Kreis von Münster und anderen Westfalen" als Privatdruck. Insgesamt kamen 100 Exemplare in den Verkehr. Im gleichen Jahr wurde ein Teil dieses Textes in der Zeitschrift

Goethes Reisewege in Deutschland

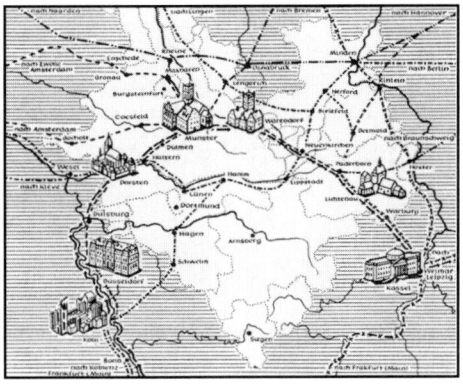

Goethes Reiseweg in Westfalen

war, wenn auch nur kurz, der Name Goethe berührt. Im Jahr 1982 erschien in der Beilage 243 „Auf Roter Erde" zu den „Westfälischen Nachrichten" mein Aufsatz „Weimars Dichterfürst und Westfalen" als Beitrag zum Goethejahr. Wegen Platzmangels konnten damals nur fünf Abbildungen dem Text beigefügt werden. Im Jahr 1999 veröffentlichte ich die Schrift „Johann Wolfgang von Goethe, seine Beziehungen zur Fürstin Gallitzin, dem

„Westfalenspiegel" wiedergegeben. In der folgenden Zeit konnte ich immer wieder einige neue Texte zu diesem Thema finden.

Im Goethejahr 1982 – es wurde der 150. Todestag begangen – brachten die Westfälischen Nachrichten einen Bericht, in welchem es hieß, dass nur noch überwiegend ältere Zeitgenossen etwas von der Person, dem Leben und Wirken des Dichters wüssten. Bei einer Umfrage konnten viele Jüngere mit dem Namen „Goethe" nichts anfangen, und einer äußerte sogar „Seine Musik ist recht langweilig." Kenntnisse

9

über Goethes westfälische Beziehungen dürften noch viel weniger vorhanden sein. Heute, 30 Jahre später, wird sich nicht viel daran geändert haben.

Zum Jubiläum 1999 kam der Titel „Goethe auf Reisen" von Edda und Michael Neumann-Adrien heraus.

Größten unseres Landes wachgehalten werden.

Sicher waren in früheren Zeiten die Person und das Werk des Dichterfürsten vielen Menschen geläufiger als das heute der Fall ist. So erfährt man aus einem Bericht des berühmten Theologen Karl Barth, der in

Seiten aus dem Ausgabenbuch
für Westfalen

Postkutsche auf der Mecklenbecker-Stiege
bei Wind und Wetter

In der Verlagsankündigung liest man, sämtliche Goethereisen seien berücksichtigt. Jedoch gibt es im Buch wohl das Kapitel „Campagne in Frankreich", aber der zweite Teil der Reise durch Westfalen ist weder durch Text noch durch Bildmaterial vorgestellt. Auch die Reise nach Bad Pyrmont ist unerwähnt geblieben. Für uns Westfalen ist das doch sehr enttäuschend. Die seit altersher gehegte Vorstellung, Westfalen sei nicht recht der Erwähnung wert, bewahrheitet sich hier einmal wieder. Meine Schrift möge dazu beitragen, diesem Vorurteil entgegen zu wirken. Auch von Münster aus soll die Erinnerung an einen der

den zwanziger Jahren des vorigen Jahrhunderts mit dem Universitätskollegen Heinrich Scholz befreundet war, dass dieser, Philosoph und Mathematiker an der Westfälischen Wilhelms-Universität zu Münster, eine besondere Liebe zu Goethe kultivierte. Auch der Münsteraner Generalfeldmarschall Alexander von Kluck war ein großer Goetheverehrer. Während des 1. Weltkrieges führte er sogar im Felde Goethes Werke mit sich in der Manteltasche. Im April 2003 fand eine NRW-Elite-Pferdeauktion in Münster statt. Am Vorabend gab es eine Schauparade, bei der hochkarätige Zuchthengste im Spotlight an den Zu-

10

schauern vorbei kamen. Doch beim Schaubild 27 blieb es besonders spannend. Goethe, ein erstklassiges Dressurpferd, kam ins Rennen. Es sollte den rund 400 Zuschauern Laune machen, am nächsten Tag tüchtig zu bieten.

Dorsten an der Lippe

Abschließend sei noch angefügt eine Aussage von Marcel Reich-Ranicki, die dieser anlasslich seines 90. Geburtstags im Gespräch mit Frank Schirrmacher – als Mitherausgeber der Frankfurter Allgemeinen Zeitung seit vielen Jahren zuständig für Literatur und literarisches Leben – machte. Auf die letzte Frage seines Gesprächspartners,

was die jungen Kritiker heute falsch machten und was sie von ihm, dem Alten lernen könnten, sagte er, „Oh, ziemlich viel! Sie müssen vor allem die „Iphigenie auf Tauris," den „Torquato Tasso" und den „Faust" lernen. Sie müssen die Klassiker kennen, Goethe, Schiller, Kleist, sonst hat es keinen Zweck."

Eine kleine Reise des Civilclubs Münster nach Weimar im März 2010 regte mich an, die Goetheschrift wieder zur Hand zu nehmen. Ein verbesserter und ergänzter Text wurde erstellt. Die neuen Abbildungen habe ich einem Bildbearbeitungsprogramm unterworfen, sodass ein erheblich verbesserter Abdruck entstand.

Diese Schrift möge dazu beitragen, dass die Erinnerung an Person und Werk des „Olympiers" Johann Wolfgang von Goethe aufgefrischt wird!

Münster im Juli 2010,
Liselotte Folkerts

11

Goethe 1792, Campagne in Frankreich

Goethes Reise durch Westfalen im Jahr 1792

Besuch bei der Fürstin Gallitzin in Münster

Eine von Alphons Woelfle gezeichnete Landkarte, auf der Goethes Reisen markiert sind, zeigt als äußersten nordwestlichen Punkt seiner Reisen die **Stadt Münster**. Hier besuchte der Dichter 1792

Dülmen

die **Fürstin Amalie von Gallitzin.** Der Dichter hatte als Kriegsberichterstatter in Begleitung seines Fürsten Carl August von Sachsen-Weimar den Feldzug in Frankreich mitgemacht. Nach der kurzen Kanonade von Valmy trat er die Rückreise nach Weimar an, die ihn auf einem größeren Umweg auch nach Düsseldorf und Münster führte.

In seinem autobiografischen Reisebericht „Campagne in Frankreich" hat Goethe erst dreißig Jahre später die einzelnen Reiseetappen beschrieben, allerdings aus unserer Sicht gesehen recht lückenhaft. Ein Teil dieser Lücken lässt sich durch das Ausgabenbuch des mitreisenden Dieners Paul Götze schließen,

weil hier fast alle Ausgaben mit Orts- und Datumsangaben notiert sind. Wahrscheinlich verlief die Reise folgendermaßen:
Nachdem Goethe auf dem Rhein bis Düsseldorf gekommen war, legte er

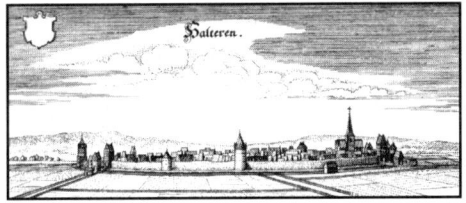

Haltern am See

hier bei seinem Freund Friedrich Jacobi in Pempelfort eine längere Pause ein, wo er nach den Unbillen des Krieges endlich wieder normale Zustände vorfand. Zu dieser Adresse hatte er auch den eigenen Reisewagen aus Weimar angefordert. Jedoch wartete er vergebens und der Düsseldorfer Freund lieh ihm den seinigen aus. Anschließend ging es mit dem viel schwergängigeren Gefährt am 5. Dezember über Sterkrade und Kirchhellen in Richtung Norden. Bei Dorsten erreichte er am 6. Dezember westfälischen Boden. Diener Götze notierte hier im Ausgabenbuch 4 Reichstaler, 57 Groschen und 14 Pfennige. Am Marktplatz trank er in dem einzigen dort gelegenen Gasthaus „Wildeman" für 88 Groschen Wein. Dann kam man über Haltern am See nach Dülmen, Paul Götze schrieb „Dülben", wo die beiden Reisenden bei der Posthalterin Berning übernachteten. Die Weiterfahrt am nächsten Tag von Dülmen nach Münster muss wegen stürmischen und regnerischen Wetters besonders beschwerlich gewesen sein, denn bei

Franz. Emigranten erreichen Münster

Goethe heißt es, dass „man auf der Fahrt an diesem Tag von mancherlei Hindernissen aufgehalten wurde". Damals gab es in Westfalen noch keine gepflasterten Straßen. Die Sand- und Knüppelwege waren mit ihren vielen Schlaglöchern schon bei trockenem Wetter schwer zu passieren; zu Regenzeiten machten sie die Fahrt zu einem wahren Abenteuer. So erreichte der Dichter die fürstbischöflich-westfälische Residenz ganz unprogrammgemäß wohl erst gegen Mitternacht. Da Goethe seine Gastgeberin zu so später Stunde nicht mehr belästigen

wollte, steuerte er den Gasthof „Zur Stadt London" auf der Rothenburg 2 an. Hier war damals die renommierteste Herberge der Stadt Münster, betrieben vom Traiteur Fromme. Aber der Dichter hatte Pech, es waren kein Bett und kein Zimmer mehr zu haben. Jeder verfügbare Raum war von französischen Emigranten – damals sollen sich in der Stadt 2.000 Flüchtlinge aufgehalten

Münster von Süden gesehen

haben – in Anspruch genommen. Es half nichts, der weitgereiste Gast musste auf einem Stuhl die Zeit bis zum nächsten Morgen verbringen. Trotzdem hatte er für die Unterkunft drei Reichstaler zu bezahlen. Der Dichter schickte sich jedoch in die Situation und war froh, überhaupt erst einmal „unter Dach und Fach" zu sein. Am anderen Tag suchte er zunächst einen Barbier auf, um sich rasieren zu lassen und sein Äußeres wieder in Ordnung zu bringen. Beim Gang dorthin wird er einen ersten flüchtigen Eindruck von Münsters guter Stube, dem Prinzipalmarkt bekommen haben. Ganz nachhaltig allerdings wird dieser

Eindruck nicht gewesen sein, denn weder darüber noch sonst hat er in seinem Reisebericht etwas zum Bild der Stadt gesagt. Wohl aber erwähnt er, dass er während seines Münsteraufenthalts dem **Freiherrn von Fürstenberg** in seiner Kurie am Domplatz einen Besuch machte. Als bemerkenswert war ihm in Erinnerung geblieben, dass Fürstenberg ein für seine Verhältnisse bescheidenes Dasein führte, obwohl er „nahe am Fürstenthron

Gast auch in den Schlossgarten. Götze kaufte in Münster für vier Groschen (1 RT= 24 Groschen) Pumpernickel, nachdem man am Tag vorher in Dülmen für fünf Groschen westfälischen Schinken erworben hatte, der schon damals wegen seiner vorzüglichen Qualität weit über Westfalens Grenzen hinaus bekannt war und den auch der Reisende aus Weimar kosten wollte.

Dieser Besuch Goethes bei der

Prinzipalmakt in Münster vor 1783

Gasthof „Zur Stadt London"

gewesen", d.h. fast Fürstbischof geworden wäre, auch in einem „fremden Palast wohnte, den keine Kinder übernehmen würden". Während seines Münsteraufenthalts wurde eine Kutschwagenfahrt über die von Fürstenberg angelegte Promenade unternommen. Am gerade fertiggestellten Fürstbischöflichen Residenzschloss machte man Halt. Fürstenberg führte seinen

Fürstin im Dezember 1792 war ein Gegenbesuch, denn sie hatte ihn 1785 in Begleitung von Fürstenberg, Hemsterhuys, Sprickmann und ihren beiden Kindern auf einer Reise nach Kassel, Jena, Leip-

15

zig, Dresden und Halle für einige Tage in Weimar aufgesucht. Beim Abschied hatte die Fürstin Goethe dann nach Münster eingeladen. Anlässlich dieses Aufenthalts in Weimar erhielt der Bildhauer Martin G. Klauer von der Fürstin den Auftrag, für sie einen Goethekopf zu modellieren. Bei dieser Gelegenheit hatte der Bildhauer auch einen Entwurf für eine Fürstenberg-Darstellung angefertigt. Noch heute kann man das Exponat im

Residenzschloss mit Pylonen

Goethemuseum in Weimar finden. Gerne erinnerte sich Goethe an die freundliche und warme Aufnahme im Hause der Fürstin auf der Grünen Gasse. Das adelige Haus war wahrscheinlich um 1700 in schlichtem Barockstil von der Familie Droste zu Vischering erbaut worden; wurde dann aber 1777 an den Major von Tönnemann in Warendorf verkauft. Seit 1779 befand sich das Grundstück im Eigentum der Fürstin. Es handelte sich um eine breitgelagerte Backstein-Gebäudegruppe. Sie zeigte in der Mitte ein zweistöcki-

ges Giebelhaus zwischen jeweils vierachsigen Traufenhäusern. Eine Beschreibung des Inneren kennen wir von Max Geisberg. Bis zur Zerstörung des Hauses im 2. Weltkrieg durch Fliegerbomben befanden sich noch wichtige Dinge im Haus. Hinter den vier sehr hohen Fenstern der mittleren Straßenfront befand sich der schöne große Bibliothekssaal. Zwischen zwei Fenstern im Obergeschoß zog ein geschmackvoller Steinkamin Bewunderung auf sich.

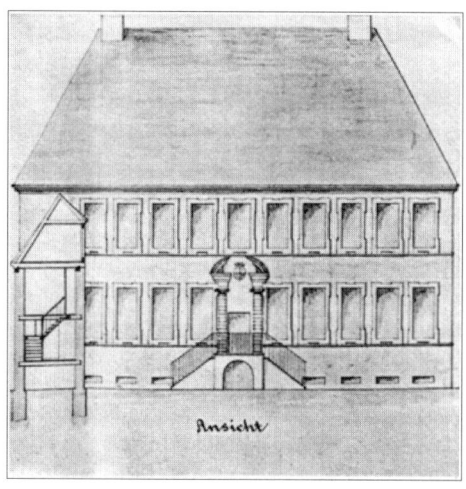

Kurie des Franz Freiherrn von Fürstenberg

In der Mitte der Südwand sah man drei ungewöhnlich hohe Bücherschränke, in denen sich noch die alten Stellbretter befanden. Auch die dazugehörige Holzleiter stand am alten Platz. Die aus dem Erdgeschoß emporsteigende, aber auch daneben zum Boden weitergeführte Treppe besaß ein besonderes Geländer mit

16

geometrischen Schmuckelementen. Alle diese Dinge waren für Geisberg wertvolle Reliquien aus der großen Glanzzeit des Hauses.

Nun zuvor einige Bemerkungen zur Person der von Goethe aufgesuchten Fürstin: Sie wurde am 28. August 1748 – sie war also auf den Tag genau ein Jahr älter als Goethe – in Berlin geboren als Tochter des preußischen Generals Samuel von Schmettau. Sie kam als kleines

Hof der Fürstin Gallitzin
auf der Grünen Gasse

Kind nach Breslau, erhielt dort eine klösterlich-katholische, aber sehr unzulängliche Erziehung, die später in Berlin etwas ergänzt wurde. Schon im Alter von sechzehn Jahren wurde sie Hofdame der Prinzessin Ferdinand von Preußen, einer Schwester Friedrichs des Großen. In ihrer Begleitung kam sie 1768 zu einem Badeaufenthalt nach Bad Aachen und begegnete dort dem russischen Fürsten Dimitri von Gallitzin. Dieser war kurz vorher als Gesandter der Kaiserin Katharina von Rußland in Paris tätig gewesen. Hier pflegte er Beziehungen zu Voltaire und Diderot und war auch sonst wissenschaftlich interessiert. Der Fürst war sogleich fasziniert von der Schönheit und geistigen Aufgeschlossenheit der jungen Frau. Er machte ihr alsbald einen Heiratsantrag. Da Amalie zu ihrer Mutter nie ein besonders herzliches Verhältnis hatte und ihr das Verbleiben in der Hofhaltung der Prinzessin auch nicht mehr angenehm war, kam ihr der Antrag des Fürsten durchaus recht. Von der Verbindung mit ihm erhoffte sie zudem, ihrem Streben nach Wissen und menschlicher Vervollkommnung weitere Impulse vermitteln zu können. Nachdem von der verwitweten Mutter in Berlin durch Kurier die Zustimmung eingeholt worden war, fand die Eheschließung noch während des Aachener Aufenthaltes statt. Allerdings war Amalie völlig ahnungslos darüber, welche Konsequenzen es hatte, die Frau eines Mannes zu werden, der es nicht nur bei liebevollen Umarmungen bewenden lassen wollte. So war sie nach der Hochzeitsnacht völlig verwirrt, suchte Schutz und Beistand bei der Prinzessin, in deren Haushalt sie am liebsten wieder zurückgekehrt wäre. Aber diese empfahl ihr, den ehelichen Pflichten nachzukommen. Das Paar ging dann fast zwei Jahre lang auf Hochzeitsreise u.a. nach Paris, Wien, Berlin und St. Petersburg. Während dieser Zeit wurde die Tochter Marianne geboren und man nahm dann schließlich den Wohnsitz in Den Haag, wo der Fürst als Gesandter der russischen Kaiserin akkreditiert war. Bald wurde hier auch der Sohn Dimitri geboren. Amalie war anfangs in das übliche Hofleben mit Fes-

daran, dass das bei ihren Kindern anders werden sollte. Die Hauptrolle dabei wollte sie selbst übernehmen. So bemühte sie sich zunächst sehr darum, eine umfassende Allgemeinbildung zu erwerben. Dazu trug nicht unwesentlich ein Selbststudium anhand einschlägiger Literatur bei, ganz besonders jedoch der Umgang mit den klügsten Männern ihrer Zeit. 1773 kam der französische Enzyklopädist **Diderot**

Fürstin Gallitzin als Pallas Athene

Franz Freiherr von Fürstenberg

ten, Empfängen, Bällen usw. voll eingebunden. Als dann jedoch ihre beiden Kinder in das Alter gekommen waren, dass sie eine erstklassige Erziehung erhalten sollten, da erfolgte der große Wandel in Amaliens Leben. Ihr war bewusst, dass sie selbst ungenügend und dazu recht einseitig erzogen worden war. Es lag ihr nun außerordentlich viel

nach Den Haag. Er befand sich auf einer Reise nach St. Petersburg zur Kaiserin Katharina und wohnte im Hause des Fürsten. Während seines dortigen dreimonatigen Aufenthalts war die damals 25jährige Fürstin eine seiner wichtigsten Gesprächspartnerinnen, von deren Geist und Charme er sehr angetan war. Amalie profitierte viel von ihm. Bedeutender war dann noch die Bekanntschaft mit dem Philosofen **Frans Hemsterhuys**. 1775 lernte sie den holländischen Universalgelehrten, Staatsrat, Kunstsammler und Schriftsteller näher kennen. Er war damals 54 Jahre, sie 27 Jahre alt. Amalie erhielt bei ihm Einblicke in die Naturwissenschaften und unter

nannte sie ihre ländliche Einsiedelei „Niethuis". Fürst Gallitzin ließ dies alles in ungewöhnlicher Toleranz geschehen. Er erkannte, dass es so für sie das beste war, zahlte und blieb seiner Frau weiter freundschaftlich verbunden.

Aus dem geselligen Umgang der Fürstin mit Hemsterhuys entwickelte sich eine seelische Intimität.

Frans Hemsterhuys

Friedrich Heinrich Jacobi

seiner Aufsicht las sie bedeutende Werke der Antike. Andererseits wurde Hemsterhuys im Gespräch mit Amalie zu neuem Schaffen angeregt. Da ihre Ehe keinen glücklichen Verlauf genommen hatte und die Ehegatten schon bald getrennt lebten, bezog Amalie mit ihren Kindern nach einiger Zeit ein kleines Landhaus am Rande Den Haags. Hier war Hemsterhuys besonders häufig zu Gast. Andere Gesellschaft wäre ihr lästig gewesen und darum

Sie gaben sich die Namen „Sokrates" und „Diotima". Die Freundschaft blieb auch bestehen, als die Fürstin nach Münster übersiedelte, wo Hemsterhuys gelegentlich zu Besuch weilte. Im Übrigen wurden ständig Briefe ausgetauscht. Im Laufe der Bekanntschaft schenkte Hemsterhuys seiner Diotima zweihundert Bücher. 1789 erhielt sie von seinem Testamentsvollstrecker eine Kiste mit vier Manuskripten und dem Wunsch, sie möge später diese Dinge einmal herausgeben. Materiell am wertvollsten war eine Gemmensammlung, die Hemsterhuys der Fürstin geschenkt hatte. Allerdings war sie nicht so wertvoll, wie er meinte, da nicht alle Stücke aus der Antike stammten.

Zu den wenigen Besuchern in „Niethuis" gehörte auch längere Zeit der Genfer Naturwissenschaft-

Gut Althof

ler Dentan (1750–1780), von dessen Kenntnissen Amalie ebenfalls profitierte. Gleichzeitig versuchte sie herauszufinden, welches pädagogische System am vorteilhaftesten für ihre Kinder sei. Zunächst erwärmte sie sich für die neuen Erziehungsmethoden des **Jean Jacques Rousseau** und beabsichtigte, in seine Nähe an den Genfer See zu ziehen. Aber unmittelbar darauf erfuhr sie von der neuen Schulordnung des Freiherrn Franz von Fürstenberg in Münster, die dieser in seiner Eigenschaft als Verwalter des Bistums Münster gerade herausgegeben hatte. Kurz entschlossen reiste sie 1779 nach Westfalen, um ihn und sein Um-

feld persönlich kennenzulernen. Franz von Fürstenberg (1729–1810) entstammte einem bekannten westfälischen Adelsgeschlecht. Im Laufe seiner Regierungstätigkeit erwarb er sich viele Verdienste, indem er das zerrüttete Finanzwesen ordnete, die Landwirtschaft förderte, das Gewerbewesen neu organisierte und eine moderne Medizinalord-

Fürstenberg gestiftete Säule auf Gut Althof

nung einführte, die auch außerhalb des Bistums erhebliche Beachtung fand. 1773 gründete er die Universität Münster. Bei der ersten persönlichen Begegnung war die Fürstin von ihm derart beeindruckt, dass sie sich spontan entschloss, ihren Wohnsitz ganz nach Münster zu verlegen, natürlich auch unter dem

Leitgedanken der bestmöglichen Erziehung für ihre Kinder.

Der Minister Fürstenberg befasste sich sein Leben lang mit staatswissenschaftlichen, philosophischen, naturwissenschaftlichen, mathematischen und theologischen Studien und war somit ein hervorragender Gesprächspartner für die insoweit anspruchsvolle Fürstin.

südlich von Münster eine Säule mit einer lateinischen Inschrift, zu deutsch: „Der Venus Urania und dem weisen Mann". Bald schon lernte Amalie andere Männer aus dem Fürstenbergschen Bekanntenkreis kennen, so auch **Anton Matthias Sprickmann** (1749–1833). Der kluge Jurist war in seiner Jugend Sturm- und Drang-Dichter

Der jügere Anton Matthias Sprickmann

Goethe im Profil

Zudem waren sich beide sehr sympathisch. Sie verbrachten nicht nur einen großen Teil ihrer Freizeit miteinander, sondern führten daneben einen jahrelangen und fast täglichen Briefwechsel. Er nannte sie u.a. „Urania" nach der Göttin der geistigen Liebe und der Wissenschaft. Sie errichtete ihm zu Ehren 1780 auf dem Gut Althof

gewesen, Goetheverehrer, Klopstockfreund und Verfasser mehrerer Theaterstücke. Diese hatten seinerzeit viel Erfolg und wurden häufig gespielt. Er erwarb sich Verdienste als literarischer Mentor westfälischer Schriftstellerinnen und Schriftsteller.

Nachdem er auf Wunsch Fürstenbergs der Literatur entsagt hat-

21

te, ernannte ihn dieser 1779 zum Professor für Rechtsgeschichte. Seit 1791 war er auch Hofrat bei der Lehnkammer der fürstbischöflichen Regierung. 1814 musste Sprickmann dem Ruf auf den juristischen Lehrstuhl der Universität Breslau folgen, da die Universität in Münster durch Preußen aufgelöst worden war. Von 1817–1829

Fürstin und Fürstenberg beim Unterricht

lehrte er an der Universität Berlin. Seinen Lebensabend verbrachte er in Münster. Wenige Zeit nach der Übersiedlung der Fürstin Gallitzin nach Münster machte Sprickmann ihre Bekanntschaft. Zeitweilig war diese auch seine Hörerin in der Universität. Aus der nachgelassenen Briefliteratur ergibt sich, dass beide einmal miteinander bei einer Hofgesellschaft Karneval feierten. Wie schon gesagt, begleitete auch Sprickmann 1785 die Fürstin auf der Reise nach Weimar.

Ebenso blieben die anderen Münsteraner im Kreis um die Fürstin

Gallitzin wie die Professoren Katerkamp und Kistemaker, die Brüder Droste zu Vischering und der Schulmann Bernhard Overberg jahrelang wichtige Gesprächspartner.

Aus der Ferne gehörten diesem Kreis an der Reichsgraf Leopold von Stolberg, Friedrich Gottlieb Klopstock sowie **Johann Georg Hamann** aus Königsberg, der 1789

Fürstin Amalie von Gallitzin

todkrank in Münster ankam und ein Jahr später im Kreise seiner Münsteraner Freunde starb.

Die Fürstin glaubte, von ihm das wahre Christentum erklärt bekommen zu haben. In ihrem Garten auf der Grünen Gasse wurde „der Magus des Nordens" beerdigt: so sollten ihre Kinder immer an seine vorbildliche Geisteshaltung erinnert werden.

In Düsseldorf lebte **Friedrich Heinrich Jacobi** (1743–1819), Philosoph und Schriftsteller. 1774 hatte dieser die Bekanntschaft von Goethe gemacht. Jacobi übte seinerzeit einen bedeutenden Einfluss auf die deutsche Literatur aus, insbesondere auch durch seine beiden Romane „Woldemar" und „Eduard Allwills Briefsammlung", welch letztere noch im Sommer 1998 im Antiquariatshandel zu 450DM gehandelt wurde. Amalie von Gallitzin lernte durch Fürstenberg Jacobi kennen. Sie besuchte ihn des Öfte-

und der Fürstin, indem er seinerzeit dem Freund auf dessen Wunsch einen Schattenriss der Fürstin zukommen ließ. Darauf war Goethe interessiert, auch ihre persönliche Bekanntschaft zu machen. So kam es dann zu dem bereits erwähnten Besuch der Münsteraner in Weimar 1785. Soweit zur Person und Umgebung der Fürstin und zum Zustandekommen ihrer Begegnung mit Goethe. Wenn dieser sich nach dreißig Jahren auch nicht mehr an

Gipsbüste des Freiherrn von Fürstenberg

Johann Georg Hamann

ren in seinem Pempelforter Heim bei Düsseldorf. Eine Zeitlang wurde ihr ein schwer zu erziehender Sohn Jacobis zur Erziehung nach Münster gebracht. Jacobis Briefwechsel mit Goethe und Hamann wurde nach seinem Tod veröffentlicht. Er richtete auch 257 Briefe an die Fürstin, die noch ihrer Veröffentlichung harren. Jacobi vermittelte schließlich auch die Bekanntschaft zwischen Goethe

besondere Örtlichkeiten in Münster erinnern konnte, so waren ihm die einzelnen Gesprächspartner und Gesprächsthemen desto deutlicher in Erinnerung geblieben.

Der Gast bemerkte, dass Amalie für ihre Verhältnisse recht einfach lebte. „Mäßigkeit und Genügsamkeit sprach sich aus in der ganzen häuslichen Umgebung, jedes tägliche Bedürfnis ward reichlich und einfach befriedigt, die Wohnung selbst aber, Hausrat und alles, dessen man sonst benötigt ist, erschien weder elegant noch kostbar, es sah eben aus, als wenn man anständig zur Miete wohne." In ihrem Saal, einem größeren Raum für Geselligkeiten, und in dem angrenzenden Studierzimmer, das sie ihr „Museum" nannte, hatte sie außer ihren Büchern auch kleine Kunstwerke

Hamanns Grab im Garten der Fürstin

zusammengeführt, wie z.B. mehrere Büsten bekannter Größen der abendländischen Geistesgeschichte. Auch den seinerzeit in Weimar bestellten Goethekopf sah er dort in ihrer Galerie.

Im Haus seiner Gastgeberin traf der Dichter mit wenigen Ausnahmen katholische Geistliche an, und so rückte auch die Frage nach der Vereinbarkeit des Schönen mit dem Guten in das Zentrum der Gespräche. Überhaupt hatte er sich im Haus der Fürstin in einer „zarten Umgebung" gefühlt. Hier wäre es

für ihn unmöglich gewesen, herb oder unfreundlich zu sein. Hier hatte er sich milder gefühlt als sonst. Wenn er sich auch meist scheute, mit anderen über seine religiöse Einstellung zu sprechen, hier bei der Fürstin konnte er es. Er betrachtete es sogar als ein großes Glück, nach den schrecklichen Kriegserlebnissen endlich wieder in einer wohltuenden, sittlich anspruchsvollen Umgebung zu sein. Er unterhielt die Münsteraner mit Berichten von

Entwurf für Hamanns Grabstein

Kirchenfesten, wie er sie in Italien erlebt hatte, und zur Erheiterung seiner Zuhörer erzählte er von einer Pferdeweihe und dem Karneval in der Überzeugung, seinen „katholischen frommen Zirkel" hiermit besonders anzusprechen. Beliebtes

24

Thema war während der wenigen Tage die bereits erwähnte wertvolle **Gemmensammlung** aus dem Besitz des inzwischen verstorbenen Hemsterhuys. Goethe fand es bemerkenswert, dass gerade „die Blüte des Heidentums in einem christlichen Hause verwahrt und hoch geschätzt wurde". Da sonst wenig anderes Anschauungsmaterial vorlag, dienten geschnittene Steine mit antiken Darstellungen damals noch allgemein dem Studium der Kunst und des Altertums. Goethe selbst hatte zu Hause auch Gemmen gesammelt. Mehrere Gemmenmotive, wie z.B. Sphinxe und Greifen verarbeitete er literarisch. Nach Erich

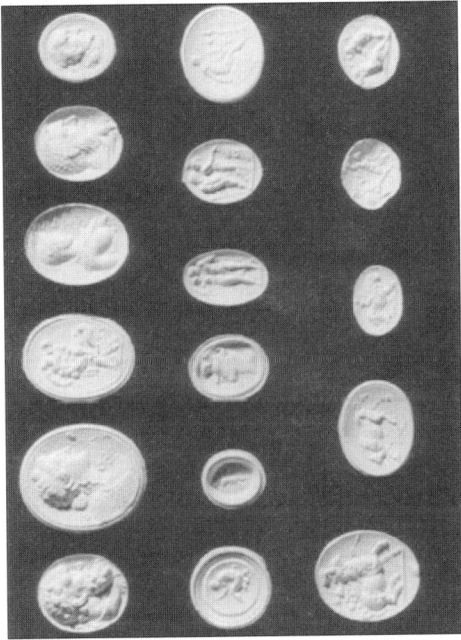

Aus der Gemmensammlung

Trunz besaß er an seinem Lebensende etwa 4.500 Stücke – allerdings meist in Abgüssen.

Die Unterhaltung über die kleinen Kostbarkeiten hatte nach Goethes Erinnerung den Effekt, dass jeder aus der Gesprächsrunde auch von einem religiösen Gefühl beseelt gewesen sei. Weiter schreibt er: „Doch konnte man sich nicht verbergen, daß die reinste christliche Religion mit der wahren bildenden Kunst immer sich zwiespältig befinde, weil jene sich von der Sinnlichkeit zu entfernen strebt, diese nun aber das sinnliche Element als ihren eigentlichen Wirkungskreis anerkennt und darin beharren muß." Beim Abschied erhielt der Dichter die siebzig Gemmen und Kameen nach Weimar ausgeliehen. Er schickte sie vier Jahre später nach Münster zurück, nachdem er sich davon Abgüsse hatte herstellen lassen. Er veröffentlichte auch im „Deutschen Museum" darüber einen Aufsatz. Amalie von Gallitzin wollte um 1800 die Gemmensammlung veräußern, um mit der erzielten Summe soziale Not in Münster zu lindern. Auch Goethe sollte dabei helfen, was ihm aber nicht gelang. Erst nach dem Tod der Fürstin konnten die Steine nach Holland verkauft werden und fanden schließlich im Niederländischen Münzkabinett eine dauerhafte Bleibe. Die

Kleinodien kamen damit wieder nach Den Haag zurück, woher sie stammten. 12.000 Reichstaler hatte der Verkauf gebracht. Aus dem Gefühl heraus, das die Beschäftigung mit den Gemmen hervorrief, schrieb der Dichter innerhalb der wenigen Tage in Münster das zehnzeilige Gedicht:

Der neue Amor

Amor, nicht aber das Kind, der Jüngling, der Psychen verführte,

Sah im Olympus sich um, frech und der Siege gewohnt;

Eine Göttin erblickt er, vor allen die herrlichste Schöne,

Venus Urania war`s, und er entbrannte für sie.

Ach! Und die Heilige selbst, sie widerstand nicht dem Werben,
und der Verwegene hielt fest sie im Arme bestrickt.

Da entstand aus ihnen ein neuer lieblicher Amor,
Der dem Vater den Sinn, Sitte der Mutter verdankt.

Immer findest du ihn in holder Musen Gesellschaft,

Und sein reizender Pfeil stiftet die Liebe der Kunst".

Professor Dr. Ernst Ribbat kommentierte dazu: „Doch darf der Münsteraner wohl mit besonderem Vergnügen registrieren, dass in der kaum überschaubaren Fülle der vielen anderen Dichtungen seine weltweite Wirkung auf Phantasie und Reflexion der Leser von diesem Ort aus begonnen hat."
In weltanschaulichen Fragen kam sonst zwischen dem Dichter und den Münsteranern, deren Kreis ihn hier umgab, an Gefühlen und Überzeugungen nur dasjenige zur Sprache, was gemeinsam war „und zu wechselseitiger Belehrung und Ergötzung ohne Widerstreit gereichen konnte". Aufmerksamkeit erregte auch das Grab Hamanns im hinteren Teil des bis an die Stadtmauer

reichenden großen Gartens an der Grünen Gasse. Goethe meinte hierzu: „Seine großen unvergleichlichen Eigenschaften gaben zu herrlichen Betrachtungen Anlass, seine letzten Tage jedoch blieben unbesprochen. Der Mann, der diesem endlich erwählten Kreise so bedeutend und erfreulich gewesen, ward im Tode den Freunden einigermaßen unbequem, man mochte sich über sein Begräbnis entscheiden, wie man wollte, so war es außer der Regel."

Goethe hatte drei Tage in Münster zugebracht. Kurz vor seiner Weiterfahrt schrieb er noch von hier aus einen Brief an Freund Jacobi nach Pempelfort, in dem er zum Ausdruck brachte, dass ihm der Umgang mit den Münsteranern gut gefallen hatte. Wie Hans Gerhard Gräf vermutet, muss der Dichter gleich zu Anfang seines Besuches in Münster auch einen Brief an seine Christiane nach Weimar geschrieben und den Tag seiner Heimkehr mitgeteilt haben. Einige Zeit später schrieb er nämlich an Jacobi, die Anmeldung sei übereilt gewesen, sonst wäre er wohl noch etwas länger in Münster geblieben. Dieser vermutete Brief ist leider verloren gegangen, aus unserer Sicht besonders bedauerlich, da anzunehmen ist, dass in ihm auch etwas mehr über seine Eindrücke in Münster zu lesen gewesen ist.

Nachdem Paul Götze noch Wachstuch in der Stadt gekauft hatte – wohl um das Reisegepäck besser zu verpacken – startete der Dichter am 10. Dezember nachmittags vom Mauritztor aus zur Weiterfahrt nach Weimar. Er war beim Abschied der Meinung, dass man sich im Kreis der Münsteraner etwas näher gekommen sei, wenn auch ein allumfassender Konsens zu weltanschaulichen Fragen nicht zu erreichen gewesen war. Goethe äußerte sich später über Amalie von Gallitzin: „Eine herrliche Seele, die zu mancherlei Gutem weckt und stärkt." Erst jetzt nahm die Fürstin den Briefwechsel mit Goethe auf, nachdem dieser schon 1785 darum gebeten hatte. Ihr erster Brief trägt das Datum vom 27. Dezember 1792, nachdem Goethe ihr bereits nach dem ersten persönlichen Kennenlernen Ende 1785 die ersten Zeilen hatte zukommen lassen.

Amalie von Gallitzin schätzte, wie die übrigen Mitglieder des Kreises nur wenige Dichtungen Goethes, wie den „Götz von Berlichingen" und „Iphigenie". Immerhin wurde auf Anregung der Fürstin im Jahr 1800 eine Szene aus der Tragödie in eine Chrestomathie für das Paulinum übernommen.

Wie Professor Dr. Walter Gödden meinte, ging es bei der Beurteilung von Dichtung den Münsteranern weniger um die eigentliche Literatur, sondern mehr um deren christlich-religiösen Gehalt.

Alter Postweg bei Neuenkirchen

Auf der Weiterfahrt bis Kassel

Die Münsteraner Gastgeberin hatte durch vorherige Anmeldung und Empfehlung bei den verschiedenen Postmeistern der weiteren Reise für rasche Abfertigung gesorgt. Sie begleitete ihren Gast bis zur nächsten Poststation, die sich in dem kleinen Ort Telgte befand. Goethe erreich-

Telgte mit Mühle und Emsbrücke

te dann abends das Städtchen Warendorf, wo auf der Oststraße 12 die Posthalterei von dem Posthalter Amersbeck besorgt wurde. In dem angeschlossenen Gasthof verbrachten die beiden Reisenden die Nacht. Später befand sich hier das Hotel Kaiserhof. Das alte Gebäude ist heute durch einen Neubau ersetzt.

Seit altersher wurde in Warendorf erzählt, Goethe habe hier, wo sich ebenso viele Flüchtlinge wie anderswo aufhielten, Anregungen für sein Epos „Hermann und Dorothea" (1797) bekommen.

Am Morgen des 11. Dezember wurde die Reise fortgesetzt. Bald

Warendorf mit Emsbrücke

ging der Weg durch die Herrschaft Bentheim-Rheda. Vielfach fuhr man durch große Wälder, über Äcker und Weiden. Zu sehen waren meist nur kleine Kötterhäuser, während die großen Schulzenhöfe sich meist abseits des Weges hinter großen Eichen versteckten. Die einzigen besonderen Sehenswürdigkeiten waren die Prämonstratenser-Abtei Clarholz und das Frauenkloster Herzebrock, wo sich wieder eine Poststation befand. Der Posthalter Ottopohl wechselte die Pferde. Ohne eine Pause einzulegen und etwas zu verzehren, ging die Fahrt mit der Postkutsche nördlich vom Wasserschloss Rheda weiter nach Neuenkirchen, wo die Reisenden aus Weimar die Nacht beim Postmeister

Franz Arnold Rose verbrachten.
Dieser Ort ist heute der Gemeinde Rietberg eingegliedert. Paul Götze erinnerte sich später, dass das Quartier recht primitiv gewesen sei. Er hatte für Logis und Verpflegung auch nur einen Reichstaler und 12 Groschen zu bezahlen. Götze erwähnt in seinem Ausgabenbuch dann erst wieder die Poststation Paderborn. Das muss in den Nach-

ber 1786 wie der Dichter in seiner „Italienischen Reise" berichtet. Als er auf dem Fluss Benta von Padua nach Venedig reiste, teilten zwei Deutsche im Pilgerkleid auf der Wanderung nach Rom sein Fahrzeug. Diese wurden wegen ihrer Sprachunkundigkeit von den Schiffsleuten gleichgültig und unfreundlich behandelt. Daher nahm sich der Dichter seiner Landsleute

Posthalterei Warendorf

Abtei Clarholz

mittagsstunden des 12. Dezember gewesen sein. Zeit und Witterung waren nicht danach, der alten Bischofsstadt eine kleine Besichtigung zu widmen. Die Verwaltung der Posthalterei Paderborn lag in den Händen des Postmeisters Daltrup. In dem der Posthalterei zugehörigen größeren Gasthaus „Römischer Hof" wurde für vier Groschen eine kleine Mahlzeit eingenommen. Bei dieser Gelegenheit wird Goethe an seine erste Begegnung mit Westfalen erinnert worden sein. Das geschah im Septem-

an. Im weiteren Gespräch erfuhr er, dass sie aus dem Stift Paderborn kämen. Sie erzählten ihm dann, dass sie jeden Tag für eine schwäbi-

Kloster Herzebrock

sche Pfarrfrau beteten, um ihr dereinst im Paradies wieder zu begegnen. Die 'einfältig fromme' Art der Westfalen hatte er dabei erstmalig in Italien kennengelernt.

Weiter ging es dann wohl über Dörenhagen und die Paderbor-

rausgestoßen wurde". Dies muss auch bei Lichtenau der Fall gewesen sein, wo sein Reisewagen nach dem Pferdewechsel noch spät am Abend abgefertigt wurde. Bald erklärte der Postillon, dass er sich außerstande sähe, weiter zu fahren. Er hielt unprogramm-

Lichtenau mit Wehrspeicher im Schnee

Posthalterei in Neuenkirchen

ner Hochebene des Eggegebirges in südliche Richtung. In dem Dörfchen Lichtenau befand sich die nächste Poststation. Eine unerwünschte Folge der durch den Münsteraner Postdirektor vorausgeschickten Laufzettel war, dass – wie Goethe selbst notierte – er mit seinem Wagen auf jeder Station eilig vorwärts gedrängt und ganz eigentlich „in die Nacht he-

gemäß an einer einsamen Behausung an, wo die beiden Reisenden die Nacht zubringen mussten. Dies war der schreckenerregende Vorfall, von dem in dem Buch „Campagne in Frankreich" zu lesen ist. Goethe und Paul Götze erinnerten sich noch nach dreißig Jahre mit Schaudern an das nächtliche Erleb-

Paderborn

Ehemalige Posthalterei in Lichtenau

31

nis. Der Dichter hatte die Gegend als „Wüste" in Erinnerung: „Gar oft kein gebahnter Weg; man fuhr bald hüben, bald drüben, begegnete und kreuzte sich. Heidegebüsch und Gesträuche, Wurzelstumpfen, Sand, Moor und Binsen, eins so unbequem und unerfreulich wie

Goethes Reisewagen
in Westfalens Wüstenei

das andere." Auf freier Strecke und in düsterer Nacht weigerte sich der Postillion weiterzufahren, „er könne das Ding nicht weiter fortbringen". Er blieb bei einer einsamen Waldwohnung stehen, deren Lage, Bauart und Bewohner schon bei hellstem Sonnenschein Schauder hätten erregen können.

Goethe fühlte sich wegen der Vermutung der Postillione, sein Wagen sei mit Schätzen angefüllt und daher so schwer, sehr beunruhigt und es kam der Verdacht auf, dass man ihn ausrauben und vielleicht sogar blenden könne. Er und sein Diener verbrachten hier „die

Ehemalige Posthalterei in Ossendorf

schwärzeste aller Nächte".

Die Posthalterei Ossendorf, betrieben vom Posthalter Menne, die am Tag darauf angefahren wurde, war die letzte in Westfalen. Erst als die Reisenden abends im hell erleuchteten Kassel ankamen, wurden ihre Gedanken wieder aufgehellt.

Die Reise nach Bad Pyrmont

Im Jahr 1801 reiste Goethe noch ein zweites Mal ins Westfälische, als er für mehrere Wochen vom 12. Juni bis 17. Juli 1801 nach Bad Pyrmont kam. Goethe hatte über den Ort im Sommer 1776 und im Sommer 1777 durch Briefe der Charlotte von Stein gehört, die in dieser

Pyrmont im Weserbergland

Zeit in Bad Pyrmont zur Wiedererlangung ihrer Kräfte kurte.

Im Winter 1801 litt der Dichter unter einem stärkeren Katarrh und war dem Tode nahe gewesen. Mehrere Ärzte rieten daher zu einem Badeurlaub. Der Dichter hatte auch schon immer nach Göttingen reisen wollen und so entschloss er sich für das damalige Weltbad Pyrmont. Er trat am 5. Juni seine Reise an und kam am 12. Juni in Pyrmont an, wo er Am Hylligen Born 6 zusammen mit seinem elfjährigen Sohn August und dem Schreiber Johann J. L. Geist Unterkunft fand. Aufzeichnungen über diese Reise machte er in seinen „Annalen":

Im Kurort

„In Pyrmont bezog ich eine schöne, ruhig gegen das Ende des Ortes liegende Wohnung bei dem Brunnenkassierer". Dieser trug den Name Voigt. Goethe schildert auch den normalen Tagesablauf in seinen Annalen: „Früh um 6 Uhr wird aufgestanden, bis 8 Uhr Brunnen

Straße „Zum Hylligen Born"

Brunnenplatz im 19. Jahrhundert

33

getrunken, um 9 Uhr gefrühstückt, bis 11 Uhr herumgeschlichen und diskutiert, dann über den anderen

Die große Allee in Pyrmont

Tag bis 12 Uhr gebadet, um 1 Uhr zuhause gegessen, ein paar Stunden nach Tisch zugebracht, wie es gehen will und des Abends in die Gegend bald da, bald dorthin spazieren gegangen [...]. Die Lage in Pyrmont ist sehr angenehm und in der Nähe gibt es allerlei Merkwürdigkeiten, Mineralien, Ruinen und was dergleichen seien mag."
Leider war damals ein stürmisch-regnerisches Wetter einer weiteren Zusammenkunft im Freien hinderlich. „Das fortwährende üble Wet-

Fontäne in Bad Pyrmont

ter drängte die Gesellschaft öfters ins Theater. Mehr dem Personal als den Stücken wendete ich mei-

Blick in die Allee vom Brunnenplatz.

ne Aufmerksamkeit zu und „Eulalia", wenn man schon wenig von der Rolle verstand, bewirkte doch durch einen sentimental-tönend weichlichen Vortrag den größten Effekt: meine Nachbarinnen zerflossen in Tränen [...].
Stille Nachbarn, geprüfte Freunde und wohlwollende Personen trugen zur ergötzlichen Unterhaltung auf das vorzüglichste bei [...] Mit solchen Personen fand ich mich gleich anfangs zusammen; ich wüßte nicht, dass ich eine Badezeit in besserer Gesellschaft gelebt [...]. Anmutige und liebenswürdige Freun-

dinnen machten den Zirkel höchst wünschenswert". Unter den vielen bemerkenswerten Persönlichkeiten, mit denen er zusammentraf, ist besonders einer Dame zu gedenken, nämlich Dorothea Caroline Scholing geb. Diederichs (1753–1806), Tochter eines ehemaligen Brunnenkommissars in Bad Pyrmont. Sie

Es ist eingedeckt in der Allee

war seit 1775 die Frau des Landrentmeisters Heinrich Scholing, welcher ein eigenes herrschaftliches Haus an der Brunnenallee des Bades besaß. Der Maler Tischbein hat die sehr gut aussehende Frau im jugendlichen Alter porträtiert.

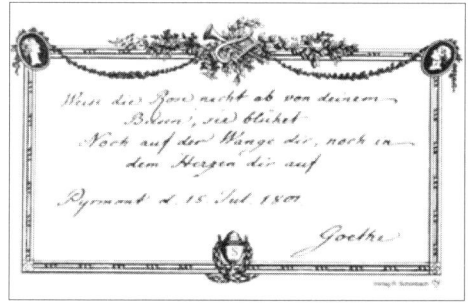

*Stammbucheintrag Goethes
für Frau Schöler*

Ihr galten wohl die Zeilen des Goetheschen Stammbuchblattes „Weise die Rose nicht ab von deinem Busen, sie blühet noch auf der Wange dir, noch in dem Herzen dir auf."

Im Januar 1999 tauchte ein bisher wohl unbekanntes Autograph von Goethe auf, das dieser während seines Pyrmonter Badeaufenthalts einer anderen bemerkenswerten Persönlichkeit widmete mit den Worten:

„Denke der Neigung des Freundes, der, ohne forderndes Selbstrecht schätzet was liebenswert und des geschätzten sich freut".

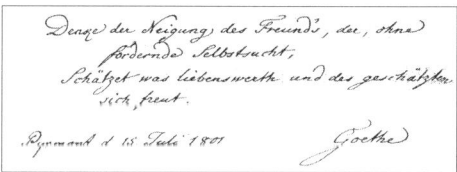

*Widmungsgedicht Goethes
an einen Pyrmonter Freund*

Man sieht, dass dieses Widmungsgedicht das gleiche Datum – 15. Juli 1801– trägt wie der Vierzeiler an Caroline Scholing. Es war der vorletzte Tag für Goethe in Bad Pyrmont. Möglicherweise sind beide Handschriften bei derselben Gelegenheit entstanden, vielleicht bei einem Abschiedstreffen.

Das kleine Manuskript wurde bei der Stuttgarter Antiquariatsmesse 1989 Ende Januar von der Firma Kistner aus Nürnberg angeboten.

Im Katalog schreibt sie dazu: „Den Vers widmete Goethe einem neu gewonnenen Freund im Kurbad Pyrmont."

Goethe hatte während des Pyrmonter Aufenthalts auch Gelegenheit, in alten Heften und Büchern zu lesen, die auf die Geschichte des Ortes und die der Nachbarschaft

Dunsthöhle in Pyrmont

eingingen. So wurde er angeregt, auch selbst etwas darüber zu Papier zu bringen. Unter dem Titel **„Das Wundergeläufe des Jahres 1556"** versuchte er, die Entstehung des Bades märchenhaft zu behandeln. Es blieb aber nur bei einem Entwurf. Dieser bildete jedoch später die Grundlage für Wilhelm Raabes Novelle „Der heilige Born".

Zur **Dunsthöhle** in unmittelbarer Umgebung Pyrmonts schreibt Goethe: „Die merkwürdige Dunsthöhle in der Nähe des Ortes, wo das Stickgas, welches mit Wasser verbunden so kräftig heilsam auf den menschlichen Körper wirkt, für sich unsichtbar eine tödliche Atmosphäre bildet, veranlaßte meine Versuche,

die zur Unterhaltung dienten. Nach ernstlicher Prüfung des Lokals und des Niveaus jener Luftschicht konnte ich die auffallenden und erfreulichen Experimente mit sicherer Kühnheit anstellen. Die auf dem unsichtbaren Elemente lustig tanzenden Seifenblasen, das plötzliche Verlöschen eines flackernden

Franziskanerkloster in Lügde

Strohwisches, das unglaubliche Wiederentzünden und was dergleichen noch sonst war, bereitete staunendes Ergötzen solchen Personen, die das Phänomen noch gar nicht kannten, und Bewunderung, wenn sie es noch nicht im großen und Freien ausgeführt gesehen hatten." Die am Helvetius-Hügel gelegene Höhle befindet sich in einem ehemaligen Steinbruch, in dem seit dem 17. Jahrhundert Buntsandstein gebrochen wurde. Schon frühzeitig wurden dort gelegentlich Ohnmachtsanfälle der Arbeiter beobachtet. Der Pyrmonter Brunnenarzt Dr. Joh. Phil. Seip, durch den Pyrmont weltbekannt geworden war, stellte fest, dass die unheimlichen Erstickungsanfälle auf ein unsichtbares Gas zurückzuführen seien. Auf ihn geht die Bezeichnung Dunsthöhle zurück, nachdem auf seine Veranlassung die Grube 1720 ausgebaut worden war. Erst 1775 erkannte man, dass es sich bei dem austretenden Gas um Kohlendioxyd handelte und Goethe war nicht der erste, der dort Versuche anstellte.

Umgebung von Bad Pyrmont

Zusammen mit seinem Sohn spazierte der Dichter häufig in die hübsche Umgebung. So kamen sie auch mehrmals in das nahe gelegene Lügde. In den Tag- und Jahresheften notierte er:

„Der **Fußpfad nach Lügde**, zwischen abgeschränkten Weideplätzen her, ward öfters zurückgelegt. In dem Örtchen, das einigemal abgebrannt war, erregte eine desperate **Hausinschrift** unsere Aufmerksamkeit; sie lautet: 'Gott segne das Haus! Zweimal rannt ich heraus. Denn zweimal ist's abgebrannt. Komm ich zum dritten Mal gerannt, da segne Gott meinen Lauf, ich bau`s wahrlich nicht wieder auf.'

Kilianskirche in Lügde

Externsteine im Lippischen bei Horn

Das **Franziskanerkloster** ward besucht und einige dargebotene Milch genossen. Eine uralte Kirche außerhalb des Ortes gab den ersten unschuldigen Begriff eines solchen früheren Gotteshauses mit Schiff und Kreuzgängen unter einem Dach bei völlig glattem unverzierten Vordergiebel. Man schrieb sie den Zeiten Karls des Großen zu, auf alle Fälle ist sie für uralt zu achten. Mich und besonders meinen Sohn überraschte höchst angenehm das Anerbieten des Rektors Werner uns auf den sogenannten **Kristallberg** hinter Lügde zu führen, wo man bei hellem Sonnenschein die Äcker von tausend und aber tausend kleinen Bergkristallen widerschimmern sieht. Sie haben ihren Ursprung in kleinen Höhlen eines Mergelsteins, und sind auf alle Weise merkwürdig als ein neueres Erzeugnis, wo ein Minimum der im

Pyrmont gehaltenen Gottesdienst mehrmals beizuwohnen [...]."
Lassen wir noch einmal den Dichter zu Wort kommen: „Nun aber kann man in dieser Gegend nicht verweilen, ohne auf jene Urgeschichten hingewiesen zu werden, von denen uns römische Schriftsteller so ehrenvolle Nachrichten überlieferten. Hier ist noch die Umwallung eines Berges sichtbar, dort eine Ruine von Hügeln und Tälern, wo gewisse Heereszüge und Schlachten sich hatten ereignen können. Da ist ein Gebirgs- ein Ortsname, der dorthin Winke zu geben scheint; herkömm-

Relief an den Externsteinen

Fachwerkhäuser in Lügde

Kalkgestein enthaltenen Kieselerde, wahrscheinlich dunstartig befreit, rein und wasserhell in Kristalle zusammentritt. Ferner besuchten wir die hinter dem Königsberge von Quäkern angelegte wie auch betriebene Messerfabrik, und fanden uns veranlaßt, ihrem ganz nahe bei

liche Gebräuche deuten sogar auf die frühesten roh feiernden Zeiten, und man mag sich wehren und wenden wie man will, man mag noch so viel Abneigung beweisen, vor solchen aus dem Ungewissen ins Ungewissere verleitenden Bemühungen, man findet sich wie in einem magischen Kreise befangen [...]." Diese heute noch nachzulesenden Aufzeichnungen Goethes zu seinem Pyrmonter Aufenthalt zeigen, wie vielseitig er interessiert war. Die Konfrontierung mit einer alten geschichtsträchtigen Landschaft regte ihn auch an, der Frage nach dem Ort der **Varusschlacht** nachzugehen. Man brachte in Pyrmont einen dort gelegenen alten Ringwall mit ihr in Verbindung.

Die Kreuzabnahme

Auch schon damals wie in den folgenden Zeiten gab es zahlreiche unterschiedliche Deutungen. In einem Brief an seine Christiane in Weimar schrieb er „Es war doch von uralten Zeiten her noch manches übrig geblieben, das an Hermann und seine Genossen erinnern dürfte." Erst seit kurzem scheint festzustehen, dass der Ort der Varusschlacht in Kalkriese bei Osnabrück zu suchen ist. Der Rückblick in vergangene Zeiten führte auch zu den **Externsteinen.** Bei diesen Steinen handelt es sich um eine markante Sandstein-Felsformation im Teutoburger Wald bei der Gemeinde Horn im Kreis Lippe. Sie bilden nicht nur eine herausragende Natursehenswürdigkeit Deutschlands, sondern genießen mit ihrer ersten frühchristlichen Reliefdarstellung der Kreuzabnahme in Deutschland höchsten kulturellen Wert. Das Stein-Dokument mit der Größe 500 cm in der Höhe und 360 cm in der Breite soll aus dem Anfang des 12. Jahrhunderts stammen.

Von den mächtigen, nach oben hin rechteckig, nach den Seiten trapezförmig verbreiterten Balken des Kreuzes lassen Nikodemus, auf einem geknickten Baum stehend, und Josef von Arimathia den Leichnam Christi zur Erde. Eine weitere Beschreibung ergibt sich aus Band II des Katalogs „Kunst und Kultur im Weserraum", der 1966 in Münster herausgegeben wurde.

Der Weg dorthin war um 1800 so beschwerlich, dass Goethe dieses historische Denkmal nicht aufsuchen konnte. Sein Interesse daran war aber so groß, dass er sich später von Weimar aus einen kleinen Eisenabguß anfertigen ließ. Er erfuhr dann auch von einer Zeichnung, die der Bildhauer Christian Daniel Rauch 1823 vor Ort angefertigt hatte. Er ließ sich darauf vom Staatsrat Schulz in Berlin eine Kopie des Bildes schicken und quittierte den Empfang mit den Worten: „Die Zeichnung der Externsteine [...] ist mir ein großes Geschenk", und er fügte hinzu: „ein kleiner Aufsatz ist geschrieben, der freilich jetzt erst Gestalt erhält." Diesen

Goethehaus im Jahr 2010

Aufsatz veröffentlichte er 1824 in der Zeitschrift „Über Kunst und Alterthum" unter dem Titel „Die Externsteine". Es heißt dort u.a.: „Übrigens hat die Composition des Bildes wegen Einfalt und Adel wirkliche Vorzüge. Ein den Leichnam herablassender Teilnehmer scheint auf einen niedrigen Baum

getreten zu sein, der sich durch die Schwere des Mannes umbog, wodurch dann die immer unangenehme Leiter verschwunden ist. Der Aufnehmende ist anständig gekleidet, ehrwürdig und ehrerbietig hingestellt. Vorzüglich aber haben wir den Gedanken, dass der Kopf des herabsinkenden Heilandes an das Antlitz der zur Rechten stehenden Mutter sich lehnt, ein schönes würdiges Zusammentreffen, dass wir

Schloss der Grafen von Waldeck-Pyrmont

nirgends wiedergefunden haben, ob es gleich der Größe einer so erhabenen Mutter zukommt".

Hier sei schließlich noch bemerkt. dass von Bad Pyrmont die Bekanntschaft zwischen Goethe und der Frau von Stein ausging, was die Literaturgeschichte nicht genug verdeutlichte.

Bad Pyrmont heute

Kommt man heute nach Bad Pyrmont, kann man noch in demselben Haus Quartier nehmen, in dem Goethe sich als Badegast aufhielt. Zur Erinnerung an seinen Aufenthalt nennt sich die Hotelpension seit langem „Goethehaus", und eine Inschriftentafel weist auf den berühmten Gast hin. Die Zimmer im Haus sind nach Städten benannt, die in der Biografie des Dichters eine Rolle spielten.

Goethebild in der Kurverwaltung

Im 1908 gegründeten Heimatmuseum des Badeortes konnte man bereits Erinnerungsexponate zu Goethes Aufenthalt finden. Seit 1987 befindet sich diese Ausstellung zur Stadt- und Badegeschichte im alten Schloss, nachdem vorher das Haus durch sorgfältige Instand- und Restaurierungsarbeiten zu einem sehr repräsentativen Ausstellungsgebäude umgebaut worden war. Hier liegt im Original die Gästeliste vom Juli 1801 mit dem Namen Goethes und dessen Sohn August, und man sieht auch das Albumblatt, welches der Dichter damals der oben schon erwähnten Dorothea Scholing widmete.

Der Plan, eine Büste des Dichters im Ort aufzustellen, kam nicht zur Ausführung. Prof. Hans W. Schmidt (1859–1950) schuf 1924 für die Wandelhalle des Kurhauses einen Bilderzyklus zur Geschichte des Badeortes, beginnend bei Tusnelda, der Ehefrau Hermann des Cheruskers bis zum Übergang des Ortes an Preußen im Jahr 1922. Hierbei entstand auch ein Ölgemälde von Goethe, das heute im Leseraum der Kurverwaltung hängt. Alle anderen Bilder sind seit langem eingelagert und dem interessierten Publikum nicht mehr zugänglich. Es wäre wünschenswert, dass die Arbeiten von Prof. Schmidt bald wieder der Öffentlichkeit zugänglich gemacht werden.

Reisewagen vor dem Goethehaus in Weimar

Goethes westfälische Bekannte

Wie vielfältig im Übrigen Goethes Kontakte zu Westfalen waren, lässt sich nur stichwortartig aufführen. In „Dichtung und Wahrheit" hat der Dichter seinen angeheirateten westfälischen Onkel, den Rechtsgelehrten **Johann Michael Freiherr von Loen** erwähnt, der eine Zeit lang im „westfälischen Sibirien", näm-

Wasserschloss der Fürsten zu Bentheim-Steinfurt

lich in Lingen, Regierugspräsident war und dessen Sohn als Oberforstmeister des Grafen von Bentheim zu Steinfurt der Schöpfer des dortigen „Bagno" wurde.
Die Familie von Loen stammt wahrscheinlich von dem Hofpredi-

ger des Grafen Arnold II. von Bentheim, Johannes von Loen (Lohn) ab, der im Jahr 1544 die Einführung der Reformation in den Grafschaften Bentheim und Steinfurt bewirkt hatte. Seit 1623 war die Familie nach Frankfurt am Main übergesiedelt und hier zu den angesehensten Geschlechtern in enge Beziehun-

Plan des Bagno in Burgsteinfurt 1792

gen getreten. Johann Michael von Loen, der sich auch als Schriftsteller einen Namen gemacht hatte, war seit 1753 preußischer Regierungspräsident von Lingen und Tecklenburg. Er besaß ein Gut in Westerkappeln. Sein in Frankfurt 1737 geborener Sohn Johann Jost trat 1765 in die Dienste des Grafen Karl und schuf als Oberforstmeister und Baudirektor die Anlagen des berühmten Gartens in Burgsteinfurt, genannt „Bagno". Nach neunjähriger Tätigkeit in Burgsteinfurt trat er 1774 den Posten des Gräflich-Lippischen Schlosshauptmanns in Detmold an. 1779 heiratete er die Prinzessin Agnes von Anhalt-Dessau und zog nach Dessau, wo er 1796 den Besuch Goethes empfing. Dieser berichtete darüber in den „Annalen 1797".

Vielfältige Beziehungen bestanden zu einigen Osnabrückern. Am bedeutungsvollsten sind die zu

Justus Möser

dem Juristen, Staatsmann, Literaten und Historiker **Justus Möser** (1720–1794) und dessen Tochter Jenny von Voigts. Möser führte auch die Regentschaft für den jugendlichen Fürstbischof Friedrich Herzog von York. Als leitender Verwaltungsbeamter des Fürst-

bistums Osnabrück hatte Möser 1766 die „Wöchentlichen Osnabrückischen Intelligenzblätter" ins Leben gerufen, in denen er meist selbst zur Feder griff und bedeutende Aufsätze veröffentlichte. „Eine Reihe diente dazu, notwendige Maßnahmen der Regierung den Lesern auf angenehme Weise einsichtig zu machen". Dieses Lob äußerte Goethe im 13. Band von

Heinrich Jung-Silling

„Dichtung und Wahrheit". Johann Gottfried Herder war zunächst auf Möser aufmerksam geworden und stiftete darauf den Kontakt zu Goethe. Der Einfluss Mösers ist in dessen erstem Drama „Götz von Berlichingen" nach Meinung der Literaturwissenschaft unverkennbar. Unmittelbar kamen Möser und Goethe 1781 in Berührung, nachdem Friedrich der Große den „Götz" scharf kritisiert hatte und Möser darauf für den jungen Goethe eine Lanze brach. Noch 1823 gedachte Goethe des längst Verstorbenen, „dieses himmlischen Geistes, dessen Äußerungen gleich Goldkörnern und Goldstaub denselben Wert haben wie reine Goldbarren und noch einen höheren,

Anton Matthias Sprickmann

als das ausgemünzte Gold selbst". Nach Meinung von Curt Hohoff hatte Goethe bei Möser seine antirationalistischen Ideen wiedergefunden wie die Vorliebe für englisches Wesen und englische Literatur, auch für die niederdeutsche Abart des englischen „common sense". Den größten Ein-

druck machte auf Goethe Mösers Theorie vom Recht des einzelnen Mannes auf das ihm Zustehende. Goethe war von dem westfälischen Patriarchen stark beeindruckt und setzte ihm ein poetisches Denkmal im „Märchen der Unterhaltungen deutscher Auswanderer".

In Straßburg hatte der Student Goethe in einer pietistisch beeinflussten Tischgesellschaft den etwas älteren Medizinstudenten **Johann Heinrich Jung gen. Jung-Stilling** (1740–1817) kennengelernt. Dieser stammte aus einem pietistischen Elternhaus in Grund bei Hilchenbach im südlichen Westfalen. Wegen seines schüchternen Auftretens wurde er von den übrigen Tischgenossen gern verspottet. Goethe dagegen war von ihm eingenommen und wortgewandt nahm er ihn den anderen gegenüber in Schutz. Im Jahr 1774 besuchte Goethe zusammen mit Friedrich Jacobi aus Düsseldorf den Westfalen in Elberfeld. Bei dieser Gelegenheit las er das Manuskript von Jung-Stillings Autobiografie. Er fand sie so gut geschrieben, dass er den Text mitnahm, ihn redigierte und ohne Wissen des Autors dessen Biografie 1777 herausgab. Wegen der guten Naturschilderungen und der realistischen Einzelbeobachtungen im Siegerland fand diese Veröffentlichung allgemeine Anerkennung.

Bereits 1776 hatte der oben schon erwähnte Münsteraner **Anton Matthias Sprickmann** (1749–1833) den Dichter in Weimar besucht und für ihn in jugendlichem Enthusiasmus geschwärmt. Im Juli 1776 schrieb er an seinen Freund Boie „In Göthe bin ich verliebt". Im gleichen Jahr veröffentlichte er in der Zeitschrift „Deutsches Mu-

Gedenkplakette für Nikolaus Meyer

seum" den Aufsatz „Etwas über das Nachahmen allgemein und über das Göthisieren insbesondere". Im April 1778 erregte er in Wetzlar Aufmerksamkeit, als er zusammen mit jungen Freunden einen nächtlichen Zug zu Jerusalems (Werthers) Grab unternommen hatte. Die den Zug anführenden Musiker, die vorher das Ziel nicht kannten, liefen beim Herannahen an den gespenstisch im Mondschein liegenden Friedhof verschreckt davon. Sprickmanns

Verhalten hatte über Wetzlar hinaus Aufmerksamkeit erregt.

Goethes Geburtstag 1778 hatte Sprickmann in Wetzlar mit dem Ausrichten einer großen Gartenparty gefeiert. Zwei Tage später schrieb er an seinen Bekannten Grossmann: „Göthens Geburtstag ist so hoch gefeyert, als mir der Junge werth ist. Ich habe Illumination in meiner Allee gehabt und Musik, und ein prächtiges Vivat Göthe brannte am Ende der Allee. Wenn doch der liebe Kerl wüßte, wie ich ihn liebe!"

Im Jahr 1785, als Sprickmann der Literatur schon lange entsagt hatte, besuchte er zusammen mit der Fürstin Gallitzin und deren Gefolge den Dichterfürsten in Weimar. Er erlebte Goethe dann noch einmal 1792 in Münster.

Nikolaus Meyer (1775–1855) lernte Goethe während seines Medizinstudiums in Jena kennen. Dieser nahm sich ganz besonders des jungen gebildeten Mediziners aus Bremen an. Im Winter 1799/1800 durfte der junge Mann sogar im Haus des Dichters auf dem Frauenplan wohnen. Beide pflegten miteinander einen regen Gedankenaustausch. Goethe gab sogar die Anregung zu der Dissertation Meyers, die dieser wiederum Goethe widmete. 1804 veröffentlichte Meyer seine erste Gedichtsammlung und fasste den Plan, nach Weimar überzusiedeln. 1806 heiratete er und das Ehepaar besuchte Goethe in Weimar, wo Herzog Karl August den Arzt zum Hofrat ernannte. Ein Jahr später hatte Dr. Meyer den Plan, ganz nach Weimar überzusiedeln, wo er bereits einen Kaufvertrag über ein Haus am Frauenplan abgeschlossen hatte. Jedoch zerschlug sich dieser und Meyer zog nach Minden, wo er jahrzehntelang als Arzt wirkte. Mit Goethe blieb er aber durch einen umfangreichen Briefwechsel weiter verbunden.

Von 1817–1853 war er Herausgeber des Mindener Sonntagsblatts und machte sich auch literarisch einen Namen; das gilt besonders für Westfalen. Er förderte junge Dichter wie zum Beispiel Ferdinand Freiligrath und Levin Schücking. In seiner angesehenen Zeitschrift äußerte sich Meyer auch mehrfach über Goethe und sein Werk, was in Weimar große Anerkennung fand. Gemeinsam mit Leopold von Hohenhausen gründete Meyer die „Westphälische Gesellschaft für die Cultur und das Wohl des Vaterlandes", der auch der Dichterfürst von Weimar beitrat.

Nikolaus Meyer hatte mehrere Kinder. Der älteste Sohn Wolfgang war Goethes Patenkind. Den zweitältesten Sohn Karl Victor hatte Goethe besonders in sein Herz geschlossen. Am 15. Februar 1824 äußerte er sich in einem Gespräch mit Eckermann sehr anerkennend über dessen Gedichte. Er sagte: „Ich habe heute einen angenehmen Besuch gehabt, ein sehr hoffnungsvoller junger Mann, Meyer aus Westfalen, ist vorhin bei mir gewesen. Er hat Gedichte gemacht, die sehr viel erwarten lassen. Er ist erst achtzehn Jahre alt und schon unglaublich weit."

Franz von Sonnenberg

Alle Söhne Meyers starben noch im jugendlichen Alter dem Vater dahin.

Der junge Dichter **Franz von Sonnenberg** (1779–1806) aus Münster, heute so gut wie vergessen, studierte um 1800 in Jena. Von dort unternahm er einen Ausflug nach Weimar, um Goethe aufzusuchen, ihm aus seinem Werk „Donatoa" vorzulesen und um dessen Meinung zu erbitten. Aber der dreißig Jahre Ältere gab sich nicht besonders interessiert und zeigte ihm die kühle Schulter. Sehr enttäuscht verließ Sonnenberg Weimar und schrieb sich seinen Kummer in einem Brief an die Fürstin Gallitzin von der Seele.

Erst viele Jahre später schrieb Goethe aus der getrübten Erinnerung in seine Tag- und Jahreshefte eine kurze Notiz über Sonnenberg. Er

Werner von Haxthausen

nannte ihn eine „physisch glühende Natur, mit einer gewissen Einbildungskraft begabt, die aber ganz in hohlen Räumen sich erging". Für den „Patriotismus und Messianismus" des Klopstock-Jüngers fehle ihm jedes Verständnis. Er habe das Sonnenberg zu verstehen gegeben, doch habe dieser, jede Warnung ausschlagend, auf seinen seltsamen Wegen verharrt und es eine Zeit lang in Jena zur Beängstigung guter vernünftiger Gesellen und wohlwollender Gönner weitergetrieben bis an sein unglückliches Ende. Thomas Mann lässt in seinem Spätwerk „Lotte in Weimar" die „Excellenz" sich an

den Dichter aus Münster erinnern: Dessen Dichtung vom Jüngsten Tag sei ein zu tolles Unternehmen, das jeder Höflichkeit entbehre. Ihm sei übel davon geworden.

Beeindruckt wurde Goethe später von der aristokratischen Erscheinung, dem Witz und der Vielseitigkeit des **Freiherrn Werner von Haxthausen** (1780–1842) aus Bökendorf im Weserbergland, einem Onkel der Annette von Droste-Hülshoff. Während seiner Teilnahme am Wiener Kongress 1814/15 konnte von Haxthausen den Grundstock seiner Sammlung neugriechischer Gedichte legen. Goethe, mit dem er 1815 in Wiesbaden zusammentraf, versuchte vergeblich, ihn zu überreden, die gesammelten und übersetzten Volkslieder zu veröffentlichen. Goethe ist durch sie zu einschlägigen Nachdichtungen angeregt worden. Werner von Haxthausen seinerseits wird im heimischen Bökendorf Goethe zur besonderen Verehrung verholfen haben. Der zum Bökendorfer Freundeskreis zählende Ludwig Emil Grimm hat bei seinen häufigen Besuchen in der Familie von Haxthausen in Bökendorf das gesellige Leben im Haus dort karikiert. So hinterließ er eine Zeichnung mit dem Titel „Anna beim Dichten". Über dem Schreibtisch der jungen Dame – es handelt sich um Anna von Haxthausen – sieht man ein Goethe-porträt hängen. Sie war eine Tante der Annette von Droste-Hülshoff und Gegenspielerin in beider Beziehungen zu dem Juristen August von Arnswald aus Kassel.

Im Jahr 1815 unternahm Goethe zum zweiten Mal eine Reise an den Rhein, auf der er mit zahlreichen Persönlichkeiten des politischen

Karl Reichsfreiherr vom und zum Stein

und geistigen Lebens Bekanntschaft machte. Bei dieser Gelegenheit erhielt er eine Einladung des **Reichsfreiherrn vom und zum Stein** (1757–1831) zu seinem Sitz Nassau an der Lahn. Er hatte Jura in Göttingen studiert. Der Übergang vom absolutistisch regierten Stände- und Agrarstaat zum bürger-

lichen Verfassungs-, National- und Industriestaat war später sein Werk. Goethe kam der Einladung nach. Anschließend unternahmen beide im Juli 1815 eine Rheinfahrt. Bei der Gelegenheit erwarb der Reichsfreiherr auch zwei mittelalterliche bemalte Glasscheiben für sein Turmgebäude in Nassau. Goethe besuchte zusammen mit Stein auf dieser

Christian Wilhelm von Dohm

Reise am 28. Juli auch den Laacher See. Der Geologe Goethe war beeindruckt von den dortigen Formationen. Zur Erinnerung an den gemeinsamen Besuch wurde später am Hotel des Ortes eine Gedenkplatte angebracht mit den Silhouetten von Stein und Goethe. Beim Abschied verabredeten beide, demnächst noch einmal miteinander eine Fahrt oder Wanderung zu unternehmen. Aber dazu kam es nicht mehr. Wohl aber bedankte sich der Dichter bald nach dem Abschied bei dem Reichsfreiherrn für dessen freundliche Einladung in einem Brief vom August 1815, der im Stein-Archiv auf Schloss Cappenberg verwahrt wird.

Erfreulich war für Goethe die Bekanntschaft mit dem aus Lemgo stammenden Christian Konrad

Hyazinth Kistemaker

Wilhelm von Dohm, (1751–1820) Schriftsteller, Historiker, Kammerdirektor, Diplomat und preußischer Minister. Er wurde bekannt als Begründer der Zeitschrift „Teutsches Museum" und Herausgeber der „Denkwürdigkeiten meiner Zeit". 1792 begegnete Goethe ihm auf dem Rückweg von seiner „Campagne in Frankreich" im Haus des bereits erwähnten Friedrich Jaco-

bi in Pempelfort. 1793 kam Herr von Dohm von Münster aus erneut zu Jacobi. Später wurde der Name Dohm in Goethes Tagebüchern und Briefen immer wieder erwähnt. Im Juni 1799 weilte dieser mit seiner Frau in Weimar. Das Ehepaar von Dohm frühstückte bei Goethe, nachdem Herr von Dohm bereits einen Tag vorher „mit wahrem schö-

Theodor Katerkamp

nen Enthusiasmus" Gast im Haus am Frauenplan gewesen war.

Amalie von Gallitzin regte den Münsteraner Pädagogen Professor **Johann Hyazinth Kistemaker** (1755–1834), der zu ihrem Freundeskreis gehörte und Mitglied des Domkapitels war, im Jahre 1800 an, eine Szene aus Goethes „Iphigenic" in das Lesebuch für die Oberklassen des Gymnasiums Paulinum aufzunehmen, was auch erfolgte. Lange Zeit war er auch Bibliothekar der

Schule. Professor Dr. Erich Trunz vermutete später, dass dies das erste Schulbuch war, in welchem eine Szene des Werkes erschien.

Zum Freundeskreis der Fürstin Gallitzin gehörte ebenfalls **Theodor Katerkamp**, der Domkapitular war und als Professor an der theologischen Fakultät lehrte. Er gab 1839 die erste größere Veröffentlichung über die Fürstin mit dem Titel

von Bernhard Overberg der größte Teil der Manuskripte aus dem Nachlass beider zugefallen war.

In diesem Buch berichtet er auch kurz über den Besuch der Münsteraner bei Goethe in Weimar und umgekehrt von Goethes Besuch in Münster, indem er aus der inzwischen erschienenen „Campagne in Frankreich" zitiert. Man darf davon ausgehen, dass er 1792 auch persönlich

Titelseite „Denkwürdigkeiten" von Katerkamp

Simon Rudolph Brandes

den Gast aus Weimar kennenlernte. Darum ist man etwas verwundert, dass er mit keinem Wort Gespräche kommentiert und auch nicht seine persönlichen Eindrücke von diesem besonderen Besuch schildert. Diese Reserviertheit könnte man als negative Stellungnahme deuten.

„Denkwürdigkeiten aus dem Leben der Fürstin Amalia von Gallitzin" heraus, nachdem ihm nach deren Tod 1806 und nach dem Ableben

Simon Rudolph Brandes (1795–1842) aus Bad Salzuflen studierte in Erfurt und Jena Pharmazie, wo er promoviert wurde. 1818 übernahm

er die Apotheke in seiner Heimat-
stadt. Er war auch Gründer des
heute noch bestehenden „Apothe-
kervereins im nördlichen Deutschland". Brandes gilt als einer der
bedeutendsten Apotheker seiner
Zeit. Er veröffentlichte eine Fülle
wissenschaftlicher Publikationen
und führte eine umfangreiche Korrespondenz mit vielen bedeutenden
Persönlichkeiten im In- und Aus-
land. Auch zwischen Goethe und
ihm gab es eine Korrespondenz.
Brandes wurde auch in die Abhand-
lung „In magischen Kreisen" von
Professor Dr. Heinrich Detering
aufgenommen, in der dieser mehrere Lippische Persönlichkeiten vor-
stellt, mit denen Goethe Kontakt
hatte. Dies sind noch der Hofmaler
Ernst von Valentini, der Verleger
H. W. Hahn, der Superintendent J.
L. Ewald und der Student Heinrich
Clemen.

Paar auf Gemme

Äußerungen zu Goethe und Goethes Werk in Westfalen

Zur Literatur

Nun dürfte auch von einigem Interesse sein, zu untersuchen, wie die Westfalen sich zu der Persönlichkeit und dem Lebenswerk von Goethe äußerten.

Franz Caspar Bucholtz

Hierzu sei zunächst bemerkt, dass man sich hierzulande insgesamt und allgemein recht schwer tat. Aber es gibt auch Positives aus früher Zeit zu berichten. Anfang des 19. Jahrhunderts hatten Fremdherrschaft und Freiheitskriege eine religiöse Erweckung und Rückkehr zur christlichen Gläubigkeit gebracht. Das vertrug sich nicht gut mit Goethes freier Auffassung und seinem „Heidentum". Nachdem 1774 „Die Leiden des jungen Werther" erschienen waren, breitete sich auch in Westfalen ein allgemeines Werther-Fieber aus, was zur Folge hatte, dass weite Kreise hier gegen den Roman waren. Aus dieser Stimmung heraus brachte der **Pastor Johann Moritz Schwager** (1738–1804) aus Jöllenbeck bei Bielefeld anonym drei Jahre darauf

Haus Perrenon

„Die Leiden des jungen Franken, eines Genies" heraus, eine Persiflage auf Goethes Erstlingswerk. Auch die dort dargestellte Empfindsamkeit wollte er lächerlich machen. Der **Pastor Johann Friedrich Wilhelm Pustkuchen** aus dem Lippischen Dorf Lieme bei Lemgo brachte eine Nachdichtung der Goetheschen Wanderjahre heraus. 1828 schuf er fünf Teile, wobei die ersten beide Teile wesentlich von der Stellungnahme gegen Goethe beherrscht waren.

Franz Caspar Bucholtz (1759–1812), Verehrer, Freund und Gönner von Johann Georg Hamann in Münster und Mitglied im „Kreis von Münster", veröffentlichte mehrere Beiträge in der Zeitschrift „Deutsches Museum". Im November 1777 erschien dort seine Goethenovelle „Goethe und Claudius". Bucholtz beherbergte Hamann ein Jahr lang in Münster und auf seiner Wasserburg Welbergen bei Burgsteinfurt. Der Nachlass der Familie wird im Staatsarchiv in Münster betreut.

Professor **Caspar Zumkley**, entferntes Mitglied des Kreises von Münster und Direktor des Paulinums, nahm 1810 Auszüge aus Goethes Gedichten in seine „Poetische Chrestomathie" auf.

Im Übrigen aber verhielt man sich besonders im Münsterland ablehnend. Hier bestanden in konservativ religiös orientierten Kreisen allgemein erhebliche Ressentiments. Auch in der Stadt Münster hatte man meist keine besondere Meinung von Goethe. Jedenfalls waren die Münsteraner erheblich zurückhaltender als

z.B. die Kölner, die ihrerseits 1825 so mutig waren, den alten Herrn aus Weimar zu ihrem Rosenmontagszug einzuladen. Zu ihrer Überraschung reagierte Goethe auch darauf, indem er mit einem entsprechenden Gedicht antwortete.

Dr. Bertram Haller, langjähriger Re-

Titelblatt von 1776

ferent für Westfälische Literatur an der Universitäts- und Landesbibliothek Münster, vermutet in seinem Aufsatz von 2003 über „Ausgesuchteste Bücher", dass das Interesse an Goethe Ende des 18. Jahrhunderts hierzulande doch nicht ganz so gering gewesen sei, wie immer angenommen werde. Haller geht insbesondere auf den Münsteraner Buchhändler und Verleger **Philipp Heinrich Perrenon** ein, der einzige hier, der einen bedeutenden Verkehr mit auswärtigen Büchern hatte und als erster Münsteraner viele Jahre die Leipziger Messe besuchte. Welche Bücher über Perrenons Ladentheke auf der Rothenburg

Poetische
Chrestomathie,
oder
Muster der höhern
deutschen Poesie,
zum Gebrauche
der vierten und fünften Schule
der Gymnasien
im Hochstift Münster.

Zweyte Auflage;

Mit gnädigster Freyheit.

Münster,
Gedruckt bey A. W. Aschendorff. 1808.

Titelblatt, Poetische Chrestomathie

gingen, kann man den laufenden Annoncen im Münsterischen Intelligenzblatt entnehmen. Seine geistige Aufgeschlossenheit war bemerkenswert. Theaterliteratur wurde in seinem Verlag besonders gepflegt. Goethes „Stella, ein Schauspiel für Liebende" wurde am 2. April 1776 im Intelligenzblatt als lieferbar angekündigt.

Die Erstausgabe war Ende Januar 1776 in Berlin gedruckt worden. Perrenon nutzte die damalige Begeisterung für das Stück und gab ohne Einholung einer Genehmigung gut ein Vierteljahr nach der Erstausgabe einen nicht lizensierten Nachdruck in seinem Verlag heraus. Es war ein mutiges Unternehmen, denn es handelte sich dabei um eine moralische Zumutung der Leser. „Goethes Stella ist ein Versuch, über die Liebe neu nachzudenken, die schließliche Ehe zu Dritt transzendiert durchaus die herrschende Moral und war damit für viele Zeitgenossen anstößig und gotteslästerlich". Hallers Fazit: „Die Münsteraner haben Goethe offensichtlich mehr geschätzt als bisher angenommen."

Der Literat und Journalist **Friedrich Rassman** (1772–1831) war 1804 aus Halberstadt als Redakteur der Zeitschrift „Merkur" nach Münster gekommen. Nach ihrem Eingehen wirkte er hier als freier Schriftsteller. 1820 wurde er dazu noch Zensor der münsterschen Leihbibliotheken. Berühmt wurde Rassmann durch sein erstes „Münsterländisches Schriftstellerlexikon".

Mancherlei Züg' aus dem Bilde der Stadt, der befreundeten, wackern
Welche der Heimat Gefild längst mir verdunkelt im Sinn,
Will ich zu Distichen reihen, da mir die Stunde geschlagen; Eine Xenie schleicht, Leser, vermutlich nicht ein.
Hier und da ist ein Einfall darunter, die Frucht des Momentes; Eine Frivolität! Lasset das schlüpfen mit durch.
Was Harpocrates galt, was Angerona der Altwelt, Heil'ger Nepomuk! bist du katholischem Volk.
Du auch lehrest die Kunst der Künste: das heilsame Schweigen;
Nun so mag denn dein Bild immer am Wege hier stehn.
Lasset der Münsterschen Jugend den Lambertusabend dem Volke
Lasset sein Larvenspiel, wenn sich der Karneval rührt.
Beide fühlen sich glücklich im lustigen Straßentumulte; Gibt es doch ohnedies „ernsthafte Bestien" genug!
Neoterpe! dir waren die Münsterer nie noch gewogen, Palaeophron! du lebst ewig im Herzen, ihr Gott.
Reiset doch weit und breit, kaum findet ihr solchen Spaziergang,

Welcher dem hiesigen gleicht. Doppelalleen voll Nacht,
Eine Gruppe von Gärten mit Häuschen der Lust in der Nähe; Makel ist einzig der Sumpf, und sein Beherrscher, der Frosch.
Räumig dehnt sich der Park des Schlosses, voll schattiger Gänge, Labyrinthisch durchkreuzt, und die Kapelle der Kiel -
Schwebenden Virtuosen ist hier zu Hause. Nur eins fehlt:
Schöne plastische Kunst. Nimm das nicht übel, mein Freund.
Was ich mit Schmerzen vermisse? - Gesteilte Hügel und Berge,
Wo durch der Aussicht Magie höher sich stimmet der Geist.
Aber dafür hast du wieder ja Kruzifixe, hochragend,
"Kühn beflügelnd den Sinn. Rechn' eins ins andre, mein Freund."
Keine Zeitschrift in Münster? -Wir könnten zu Tage was fördern, Aber ein haltbarer Kitt fehlt, und es bleibt beim Projekt.

Christian Friedrich Raßmann 1809

Am 2. Januar 1809 schickte er Goethe nach Weimar einen Brief und vermachte ihm sein gerade erschienenes Büchlein „Münsterischer Epigrammenzyklus", das sich noch heute dort befindet. In dieser Dichtung wird speziell die Stadt Münster besungen.

Der damalige **Oberpräsident** der neu geschaffenen Provinz Westfalen, Ludwig Freiherr von Vincke, war zu nüchtern, um sich von Goethes Schriften angezogen zu fühlen. Als er 1808 als Reisender nach Weimar kam, besuchte er wohl den Herzog, ein Besuch bei Goethe erschien ihm weniger erforderlich. In Vinckes umfangreicher Bibliothek fanden Goethes Werke keinen Platz.

Von der **Fürstin Pauline zur Lippe** in Detmold weiß man, dass sie ebenfalls keinen Zugang zu Goethes Literatur fand, wohl aber zu seiner Farbenlehre. Sie meinte „Wenn sie es nicht ist, die ihn berühmt machen wird, so wird er es sein, der die Theorie berühmt macht".

Der Minister Fürstenberg hatte für das Fürstbistum Münster eine Zensurregelung für **Leihbibliotheken** erlassen und darin auch die Werke Goethes insgesamt wegen moralischer und politischer Vorbehalte indiziert. Später meinte die preußische Zivil-Organisations-Kommission, dass diese Verordnung doch zu streng sei.

Der Aufsatz „Literaturvermittlung und Zensur" von Professor Dr. Bodo Plachta geht näher darauf ein. Danach handelt es sich um „Goethes neue Schriften" in 7 Bänden. Berlin 1792–1800. Die moralischen und politischen Vorbehalte beziehen sich speziell auf die „Römischen Elegien", die „Venezianischen Epigramme" und „Reineke Fuchs".

Wie man noch heute im Kundenkreditbuch der münsterschen Buchhandlung Theissing nachlesen kann, bestellte Amalie von Gallitzin dort etwas aus der Feder Goethes. Wie wenig Anklang sonst aber seine Werke ganz allgemein hier fanden, geht auch daraus hervor,

Annette von Droste-Hülshoff

dass die 1809 bei Cotta erschienene Gesamtausgabe in Münster nur einen Subskribenten fand.

In der Bibliothek auf Schloß Hülshoff existierte um 1800 von Goethe eine Ausgabe des „Götz von Berlichingen" und ein Band Gedichte. Wie Bernd Kortländer herausfand, stand aber die junge **Annette von Droste-Hülshoff** in ihrer zweiten jugendlichen Schaffensphase deutlich unter dem Eindruck der Lektüre Schillers und Goethes. Man müsse den Eindruck haben, dass sie so ziemlich das meiste des bis dahin von Goethe Erschienenen im Kopfe bzw. aufgeblättert neben sich liegen gehabt habe. In dem Gedicht „Das Schicksal" von 1810 wurde eine solche Anlehnung besonders klar erkannt. Die Mutter habe allerdings die uneingeschränkte Lektüre kaum geduldet. Anton Matthias Sprickmann habe aber einiges wieder wettgemacht, da er insoweit offener eingestellt war.

Später hat Annette von Droste ihr Goethebild weiter vervollständigen können. Bei Auseinandersetzungen innerhalb ihres Bekanntenkreises ergriff sie meist die Partei Goethes. Auch in ihrem Briefwechsel nimmt sie mehrfach auf ihn Bezug. In Band VII der Historisch-kritischen Werkausgabe sind u.a. Listen der Dichterin aufgeführt, die sich im Nachlass befanden. In einer Autorenliste (S. 666) wird Goethe an dritter Stelle aufgeführt und in einem Verzeichnis bereits verstorbener Schriftsteller (S. 600) wird Goethe an erster Stelle genannt. Die Dichterin karikierte in ihrem Lustspiel „Perdu! oder Dichter, Verleger und Blaustrümpfe" von 1840 den Enthusiasmus ihrer Landsleute für den Dichter Klopstock, schreibt aber dann an anderer Stelle „o, Sie brau-

chen nicht roth zu werden, wenn Sie den Goethe lesen [...]!"

Wie Prof. Dr. Walter Gödden herausfand, erwarb ihre Schwester Jenny am 4. September 1815 während eines Aufenthalts in Bökendorf im Weserbergland für sie vier kleine Dichterbüsten aus der Porzellanmanufaktur Fürstenberg, u.a. auch eine von Goethe. Leider ist dieses besondere Exponat verloren gegangen.

Christoph Bernhard Schlüter, 1852

Professor Erich Trunz ermittelte, dass der Münsteraner **Christoph Bernhard Schlüter** (1801–1884), Professor an der Akademie Münster und Drostefreund, Goethe wohl als Dichter schätzte, doch mit der Reserviertheit, die sein streng christlicher Maßstab mit sich brachte. Schlüter gab 1874–1876 drei Bände „Briefwechsel und Tagebücher der Fürstin Gallitzin" heraus.

Der Detmolder **Christian Dietrich Grabbe** (1801–1836), Jurist und Dramatiker, versuchte vergeblich eine Beziehung zu Goethe aufzubauen. Als 1827 seine „Dramatischen Dichtungen" erschienen, schickte er dem Dichter in Weimar ein Exemplar. In dem beigefügten Brief erbat er dessen Wohlwollen. Trotz der „unbegrenzten Verehrung", die der 25jährige dem Äl-

im Rheinischen Jahrbuch, in dem auch Goethes Besuch in Münster dokumentiert wurde. Die Unkenntnis des westfälischen Adels zum Thema Goethe persiflierte Schücking in seinem 1844 veröffentlichten Roman „Die Ritterbürtigen".

Karl Immermann (1796–1840) war von 1819–1822 als Auditeur beim münsterschen Generalkom-

Levin Schücking

Karl Leberecht Immermann

teren entgegenbrachte, blieb dieser Brief unbeantwortet. Grabbe war so tief verletzt, dass er sein Leben lang darunter litt. Er übte dann auch einmal Kritik an dem Zyklus „Der westöstliche Diwan".

Der Drostefreund **Levin Schücking** (1814–1883) war von etwas liberalerer Einstellung. Er veröffentlichte 1839 den Aufsatz „Die Fürstin Gallitzin und ihre Freunde"

mando tätig und entwickelte hier seine schriftstellerische Tätigkeit. Er gab noch während seiner Zeit in Münster zwei kleine Schriften heraus, die Goethes Werk propagieren sollten.

Dass der junge Immermann stark unter dem Einfluss Goethes stand, zeigen viele seiner Werke. Am 14. Mai 1822 schrieb er noch von Münster aus Goethe einen Brief, in dem er sich als dessen Schüler bezeichnete. Er meint: „Wir Jüngeren sind sämtlich bei Ew. Exzellenz in die Schule gegangen. Die Undankbaren leugnen es und bringen es in ihrem kalten Trotze bis zu Pseudowanderjahren". Immermann setzte auch in seinem Drama „Edwin" ein Zueignungsgedicht für Goethe an den Anfang. Darin feierte er den Genius von Weimar als den hohen Meister, unter dessen

kam am 1. Dezember 1823 während einer gemeinsamen Mahlzeit, zu der auch Eckermann eingeladen war, die Rede auch auf Karl Immermann. Der Berliner brachte ihn ins Gespräch und sagte, er habe Immermann einmal in Münster aufgesucht. Dieser sei ein sehr hoffnungsvoller junger Mann und es wäre ihm zu wünschen, dass seine Anstellung ihm für seine Kunst

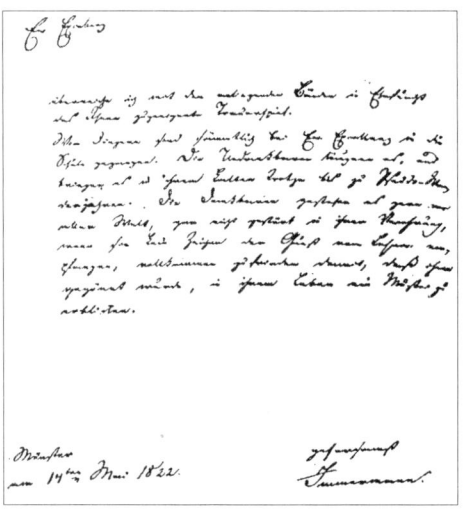

Brief Immermanns an Goethe

Christian Dietrich Grabbe

Führung der Neuling im Reich der Dichtung sein Ziel erreichen wird. Immermanns wichtigstes Eintreten für Goethe ist seine Schrift „Brief an einen Freund über die falschen Wanderjahre Wilhelm Meisters", in dem er sich in den Tagesstreit um die Bedeutung Goethes einbrachte. Anlässlich eines Besuches des Komponisten Karl Friedrich Zelter aus Berlin im Hause Goethe

mehr Zeit ließe. Darauf griff Goethe in die Unterhaltung ein und lobte gleichfalls Karl Immermann. Er sagte dann: „Wir wollen sehen, wie er sich entwickelt, ob er sich bequemen mag, seinen Geschmack zu reinigen und hinsichtlich der Form die anerkannt besten Muster zur Richtschnur zu nehmen. Sein originelles Streben hat zwar sein Gutes, allein es führt gar zu leicht in die

Irre." Als 1839 in Osnabrück Goethes „Faust" erstaufgeführt wurde, geschah dies in der Einrichtung von Karl Immermann, der aber inzwischen Landgerichtsrat in Düsseldorf geworden war.

Eduard Michelis

Elisabet Ney

Die Äußerungen des Priesterschriftstellers **Eduard Michelis** in dem Gedicht „Das Landgut der Fürstin Amalie von Gallitzin" sind im Hinblick auf Goethes Besuch in diesem Kreis recht kritisch. In einer Zeile bezeichnet er den Dichter als „listig" und meint dann weiter „[a]ber die himmlische Sehnsucht befruchtete nicht seine Seele", wohl bedauernd, dass dieser nicht wie Stolberg in Münster die „richtige Religion" gefunden habe.

Justizrat **Christian Ernst Theodor von Klitzing** (1797–1872) kam vor 1839 als preußischer Beamter nach Münster. Er war hier als Richter am Appellationsgericht tätig. Aus Liebhaberei sammelte er Autographen und konnte auch einiges aus dem Nachlass der Fürstin Gallitzin erwerben, so z.B. Goethes Brief an sie vom 20. Juli 1802. Er gab anonym 1868 bei Liesching in Stuttgart „Mitteilungen aus dem Tagebuch und Briefwechsel der Fürstin Adelheid Amalia von Gallitzin" heraus. Dies war die erste Edition aus dem Kreis von Münster. Dr. Siegfried Sudhof fand das erst 1969 heraus. Bis dahin war man irrigerweise davon ausgegangen, dass dieses Buch der in Münster lehrende Professor Ferdinand Deyks herausgegeben habe. Der Titel ist in den münsterschen Bibliotheken nicht zu ermitteln. Der Text allerdings wurde von den Autoren Akva und Brecht in deren 1995 veröffentlichtem Werk „Geschichte des Pietismus" übernommen.

Das Landgut der Fürstin Amalia von Gallitzin zu Angelmodde bei Münster

Seid mir gegrüßet, ihr grünen Gefilde und schattigen Haine,
Wo einst der Edlen so viel glücklich zusammengelebt.
Fühlt man doch jetzt noch in Euch wie ein Wehen des ewigen Friedens,
Wo die Erinn'rung an sie freundlich den Wandrer begrüßt.
Ruhig bespület der Strom noch in schlängelnder Windung die Auen,
Welche, vom Lenze begrünt, oftmals die Edlen erfreut.
Einsam und schweigend im Schatten der alternden Linden und Pappeln
Steht noch das freundliche Haus, welches sie gastlich umschloß ...
Fürstin Amalia! rede, was hier Deine Seele empfunden,
Als Dich der Friede umfing, Friede vom Himmel gesandt?
Als Deine Hütte der Schatten, des Kirchleins so kühlend bedeckte,
Glaube Dein schmachtendes Herz himmlisch mit Wonne erfüllt? ...
Während darum wie im Hauche des Winters die Erde erstarrte,
Grünete hier eine Flur, prangend im herrlichsten Schmuck.
Blumen entfalteten freudig der Sonne entgegen die Kronen,
Spendeten lieblichen Duft, weithin erquickend das Land.

Fürstenberg, edlem Geschlechte entsprossen, so kräftig als bieder,
Unseres Vaterlands Zier, weilte mit Freuden all hier,
Trocknete hier sich den Schweiß von der glühenden männlichen Stirne,
Kehrte erfrischt dann zurück, kämpfte für Vaterlands Wohl.
Overberg weilte hier gerne, das Abbild des himmlischen Friedens,
Kindlich, und freundlich, und ernst, Liebe zum Heiland im Blick...
Stolberg, so ritterlich kühn, voll hochüberströmenden Muthes,
Gleich einem Gießbach so stark, welcher die Hemmniß durchbricht,
Fand, was er suchte, die Quelle der Wahrheit, des ewigen Lebens,
Stillte die Sehnsucht der Brust hier am lebendigen Born.
Katerkamp, still und verschlossen, entfaltete hier seine Blüte;
Selten durchblitzte die Glut, welche sein Inn'res verbarg.
Jünglinge folgten mit Liebe der Leitung des älteren Freundes,
Und in der Jünglinge Herz haucht er die heilige Glut.
Mitri, so sinnig und fromm, im Verein mit den edelen Brüdern
Clemens, Maximilian, Franz bildet' um ihn einen Kreis.

62

Hier fand Ruhe und Frieden, wonach er so lange geschmachtet.

Hamann, der kindliche Greis, hart von dem Leben geprüft;

Sah noch den Abend des Lebens von freundlicher Sonne geröthet,

Freut' sich bei uns des Asyls, das ihm die Seinen versagt;

Wählten sie doch, statt des grünenden Baumes am Quelle des Glaubens,

Lieber den leblosen Stamm, dürre, der Blätter beraubt.

Hemsterhuys freute sich hier in dem Kreise der edelen Freunde,

Nie hat den Ernst seiner Stirn freundliches Lächeln verklärt.

Claudius darf ja nicht fehlen; er kommt mit dem einfachen Stabe,

Einfach, ein Wandrer zu Fuß. Allen willkommen und lieb.

Siehe, auch Göthe ist hier, und betrachtet auch hier sich das Leben,

Scheint hier ein argloses Kind; aber der listige Mann!

Nur in der Gegenwart lebt' er und sog mit den Lippen der Bienen,

Was ihm die Gegenwart bot, fand sich beseligt in ihr.

Alle Gestalten des Lebens umgab er mit magischem Zauber,

Schmückte mit Göttern sein Haus, die ihm sein Genius schuf:

Aber die himmlische Sehnsucht befruchtete nicht seine Seele,

Und ihre Knospe verschloß nicht sich verklärend dem Licht.

Aber wie steht nun verlassen das Haus, das die Edlen vereinte!

Keiner von Allen blieb hier, Viele umschließt schon das Grab.

Fürstin Amalia schlummert in schweigender Kammer des Grabes

Dicht an dem Kirchlein des Dorfs; drüber erhebt sich ein Kreuz.

War doch das Kreuz ihr der schattende Baum in der Hitze des Tages,

Darum auch schläft sich's so sanft neben dem tröstenden Kreuz.

„Mutter der Armen und Waisen", so nennt sie die einfache Grabschrift, Und in manch dankbarem Herz steht noch die nämliche Schrift.

Reiter mit Pferd auf Gemme

Die Münsteranerin **Elisabet Ney** (1833–1907) konnte ab März 1853 an der Königlich Bayerischen Akademie der Bildenden Künste als einzige Frau des 19. Jahrhunderts Bildhauerei studieren. Sie erhielt nach zweijährigem Studium ein glänzendes Abschlusszeugnis, das ihr eine weitere Ausbildung als Meisterschülerin des Bildhauers Christian Daniel Rauch in Berlin ermöglichte. Nach dessen Tod konnte sie viele seiner Auftragsarbeiten selbständig ausführen und machte sich bald einen großen Namen. Sie hatte sich vorgenommen, „die Großen" dieser Welt zu porträtieren, was ihr auch alsbald gelang. Auf dem Höhepunkt ihrem Karriere siedelte sie 1868 wieder nach München in der Hoffnung, dort entsprechende Aufträge zu erhalten. Sie hatte nicht vergebens darauf hin gearbeitet. Schließlich erreichte sie auch, dass der oft missvergnügte und menschenscheue König Ludwig II., wenn auch erst widerwillig, bereit war, für ein Standbild in acht langen Sitzungen ihr zur Verfügung zu stehen. Seine Bedingung war, dass sie nicht mit ihm sprechen dürfe. Der König hatte seinen damaligen Kabinettschef Lipowsky gebeten, ihn während der Sitzungen zu begleiten und Texte aus Goethes „Iphigenie" vorzulesen. Einmal jedoch fiel die Bildhauerin diesem ins Wort und deklamierte auswendig und mit großer schauspielerischer Begabung den Text weiter. Zur Komplettierung ihres Auftritts trug sie ein griechisches weißes Gewand und eine dazu passende Frisur. Ludwig war enorm beeindruckt hiervon und gab seine Reserviertheit gegenüber der Künstlerin auf. Fortan unterhielten sich beide häufig über alles Mögliche. Es begann sogar ein Briefwechsel zwischen ihnen. Das Gipsmodell der Königsfigur wurde 1869 in der Akademie der Bildenden Künste in Berlin ausgestellt. Erst zwanzig Jahre später wurde es in Marmor ausgeführt und befindet sich heute im Schloss Herrenchiemsee.

1883 gab der Münsteraner **Justizrat Paul Löbker** den Titel „Wanderungen durch Westfalen" heraus. In dem darin befindlichen Kapitel „Das Büchlein von Angelmodde" wird vieles aus dem Leben der Fürstin Amalie von Gallitzin geschildert, allerdings nichts von dem Besucher aus Weimar. Löbker spazierte gerne von Münster nach Angelmodde, wo er den alten Sommersitz der Fürstin Gallitzin aufsuchte und auch die alten Räumlichkeiten dort anschauen konnte. Eine Zeichnung vom originalen „Haus Angelmodde" wurde dem Text beigegeben.

Die ehemalige Drostefreundin **Elise Rüdiger geb. von Hohenhausen** (1812–1899) veröffentlichte nach ihrem Wegzug von Münster 1870 das

Buch „Berühmte Liebespaare". Eines dieser Porträts ist der Freundschaft Goethes mit Minna Herzlieb gewidmet. In einer späteren Auflage sind zwei weitere Frauenbekanntschaften Goethes aufgenommen: 1884 gab Frau Rüdiger den Titel „Aus Goethes Herzensleben" heraus.

Der als Schauspieler und Rezitator bekannt gewordene **Ludwig Wüllner** (1832–1928) erhielt 1884 als Privatdozent der Germanistik einen Ruf an die Akademie Münster. Er wagte es immerhin, schon seine

Haus Angelmodde

Antrittsvorlesung über das Thema „Goethe" zu halten. An seine Eltern schrieb er kurz darauf in einem Brief „Ich habe selbst nicht erwartet, dass ich so offen und warm in der großen Aula würde sprechen können. Natürlich tat mein Vortrag viel an der Sache. Eine große Anzahl von Damen war erschienen, natürlich Sprickmanns, Frau Kiesekamp, Grimms, auch Frau Schmedding, fast sämtliche Professorenfrauen

mit Töchtern und Bekannten, viele Studenten, Kollegen u.s.f. [...] Vielen war es natürlich schon ein Dorn im Auge, dass ich es wagte, über den 'großen Heiden' (so wird Goethe hier allgemein genannt) meinen Antrittsvortrag zu halten, und daß ich nun gar im Sommersemester über Goethe lesen will, hat schon eine gewisse Entrüstung hervorgerufen [...]". Später gab Wüllner den Lehrberuf auf und betätigte sich als Schauspieler und Rezitator. Dem Werk Goethes war er dabei besonders verpflichtet.

Ludwig Wüllner

Lange Zeit nach seinem Tod wurde er als der berühmteste Goetheinterpret aller Zeiten gefeiert. Außer dem „Clavigo" und dem Singspiel „Erwin und Elmire" wurden Goethes Theaterstücke auf westfälischem Gebiet während des ganzen

19. Jahrhunderts wenig aufgeführt. Der „Faust" kam in Münster erstmalig 1839 auf die Bühne, ein Jahr später in Osnabrück.

Die als Frauenrechtlerin bekannt gewordene **Lily Braun** (1865–1916), die mit ihren Eltern zeitweilig in Münster gelebt und später der Stadt ein sehr bemerkenswertes literarisches Denkmal gesetzt hat, veröffentlichte 1892 ihr literarisches Erstlingswerk „Aus Goethes Freundeskreis". Das Buch war ein Andenken an ihre Großmutter Jenny von Gustedt.

14. Band des Goethejahrbuchs einen Aufsatz über den Briefwechsel zwischen Goethe und der Fürstin Gallitzin.

Der Dichter **Peter Hille** (1854–1904), gebürtig aus Nieheim im Hochstift Paderborn, war zu seiner Zeit mehr als „Literaturzigeuner" bekannt. Auf dem Paulinum in Münster befreundete er sich mit den Brüdern Heinrich und Julius Hart, erreichte allerdings nicht das Abitur. Erst seit Gründung der „Peter-Hille-Gesellschaft" im Jahr

Lily Braun

Hermann Hüffer

Der Münsteraner **Hermann Hüffer** (1830–1905) lehrte langjährig als Professor für Literaturgeschichte in Bonn. Gleichzeitig war er Goetheverehrer und veröffentlichte für das Goethejahrbuch 1882 unter der Rubrik Miscellen „Zum Notizbuch von der schlesischen Reise". Zehn Jahre später schrieb er 1893 für den

1983 wird sein literarisches Werk wissenschaftlich aufbereitet. Seine gesammelten Werke wurden in sechs Bänden von Professor Dr. Friedrich Kienecker von der Universität Paderborn herausgebracht. Prof. Dr. Rüdiger Bernhardt veröffentlichte 2004 eine wichtige Monografie über den Dichter mit dem Titel „Ich bestimme mich selbst". Darin geht er in dem Kapitel „Hilles Literaturverständnis" auch auf das Verhältnis des Dichters zu Goethe ein. In der Beschäftigung Hilles mit Goethe, dem Nachdenken über den Olympier, war immer kritische Distanz zu finden. Es war nie

Rüdiger Bernhardt

JENAERSTUDIEN

»Ich bestimme mich selbst.«
Das traurige Leben
des glücklichen Peter Hille (1854–1904)

Band 6

Buchdeckel Rüdiger Bernhardt

eine Huldigung. Seine Aussagen über Goethe waren allerdings nie eindeutig und in ihrer Spontanität meist bis an die Grenze des Unverständlichen getrieben. Aber einige Gedichte Goethes beeindruckten Peter Hille sehr. Als Schüler hatte er seinen Lehrern Goethes Werke

abgejagd. Goethe war ihm auch wunderbarer als mancher anderer Dichter wie z.B. Schiller. Hilles Gedicht „Prometheus" suchte wohl den Bezug zu Goethe, setzte sich jedoch von ihm ab. Es sollte eine Absage an den Titanen Goethe sein. Wie die aufbegehrende Jugend sah Hille den Platz in der Literaturentwicklung hinter den Klassikern frei für die „Jungen Deutschen". Hille habe aber schließlich Goethe einen historischen Platz angewiesen, so Prof. Dr. Bernhard.

Der westfälische Priesterdichter **Augustin Wibbelt** (1862–1947) beschäftigte sich ebenfalls mit Goethe. Er ließ sich sogar einen Goethekopf von dem Bildhauer Achilles Moortgat für sein Studierzimmer im Pfarrhaus in Mehr anfertigen. Das Kunstwerk stellt heute ein wichtiges Exponat im Museum Abtei Liesborn in der Wibbelt-Ausstellung dar.

Paul Becker veröffentlichte im Jahrbuch 17 aus dem Jahr 2001 der Augustin-Wibbelt-Gesellschaft den umfangreichen Aufsatz „Das Erforderliche zu erforschen. Johann Wolfgang von Goethe im hochdeutschen Werk Augustin Wibbelts", nachdem er am 12. Mai 2001 in Münster-Wolbeck anlässlich der Jahrestagung der Augustin-Wibbelt-Gesellschaft einen Vortrag zu diesem Thema gehalten hatte. Nach seiner Meinung ergänze Wibbelt die allgemeine und anerkennende Beurteilung kritisch wie folgt: Die Menschen wollen Götter haben und es schmeichelt ihnen, sie unter Ihresgleichen zu finden. Dagegen konstatiert er: „Goethe ist kein Gott und kein Übermensch, aber ein großer Menschleider ein kleiner Christ [...]" Er schreibt weiter, Goethe sei

Augustin Wibbelt

in seiner Art ein frommer Christ, der aufrichtig versichert, „daß er bei allem irdischen Treiben immer aufs Höchste geblickt habe".

Paul Becker ist der Meinung, dass Augustin Wibbelt im Unterschied zu Goethe auf die christliche Botschaft vertraue, dennoch identifiziere er sich mit den bekennenden Äußerungen Goethes, die das Grundverhalten des Menschen und seine strebende Lebensgestaltung betreffen.

Die in Münster beheimatete Romanschriftstellerin **Clara Ratzka, geb. Ernst**, (1872–1928) veröffentlichte 1919 den Roman „Familie Brake", der größtenteils die Stadt Münster zum Schauplatz hat. Hier erklärt der junge Jan Temming bei einem abendlichen Stadtbummel seiner angebeteten Freundin Hete u.a. den sogenannten „Ascheberger Hof" auf der Grünen Gasse, wobei auch der Besuch Goethes Erwähnung findet.

Nach dem Tod der Fürstin Gallitzin im Jahr 1806 – wunschgemäß wurde sie auf dem Dorfkirchhof in Angelmodde begraben – erbten die Kinder Gallitzin das Anwesen. Die Tochter Maria Anna Dorothea, Fürstin von Gallitzin und spätere Fürstin zu Salm-Reifferscheidt Krautheim verpachtete das große Haus auf der Grünen Gasse 1820 an Max Friedrich von Ascheberg für ein Jahr. Dieser erwarb es 1821 für 6.300 Taler.

Die Philosophin **Edith Stein** (1891–1942) hatte ihr entscheidendes Jahr in Münster verbracht. Zum Sommersemster 1932 wurde sie als Dozentin an das Deutsche Institut für wissenschaftliche Pädagogik in Münster berufen, an dem u. a. auch Professor Dr. Bernhard Rosemöller ihr Kollege wurde. Das Institut, 1922 gegründet, war vom Verein Katholischer deutscher Lehrerinnen und dem Katholischen

Lehrerverband des deutschen Reiches gegründet worden. Unmittelbar nach ihrer Einstellung erhielt die Dozentin Stein den ehrenvollen Auftrag, auf der Jahresfeier des Instituts den Festvortrag am 4. März 1932 anlässlich der Institutsgedenkfeier zu halten, die aus Anlass des 100. Todestages von Johann Wolfgang Goethe als Goethefeier im alten Rathausfestsaal Münsters veranstaltet wurde. Frau Stein hielt ihren Festvortrag unter dem

zu habilitieren. 1922 konvertierte sie vom Judentum zum Katholizismus. Auf Druck der NSDAP mußte sie ihre Lehrtätigkeit im April 1933 aufgeben. Im Oktober des Jahres trat sie in den Kölner Karmel ein und im Dezember 1938 emigrierte sie von da aus in den Karmel Echt in den Niederlanden. Im August 1942 wurde sie nach Auschwitz deportiert und ermordet. Papst Johannes Paul II. sprach 1987 Edith Stein heilig.

Clara Ratzka geb. Ernst, 1914

Edith Stein 1926

Thema „Natur und Übernatur in Goethes Faust". Sie stellte sich in den Dienst der Goetheapologie und nicht nur der älteren, sondern auch besonders der jüngeren Generation. Nach Studium und Assistentendasein bei Edmund Husserl hatte sie längere Zeit vergeblich versucht, sich an einer deutschen Universität

Anlässlich des Goethegedenkens 1932 hielt auch der Germanist Prof. Dr. Günther Müller (1890–1957) einige Goethevorlesungen. Müller wirkte in Münster von den Jahren des wirtschaftlichen Niedergangs bis in die Kriegsjahre hinein. „Er inspirierte hier Generationen von Studenten und Doktoranden. Er selbst förderte und vollendete umfassende Darstellungen ganzer Epochen der deutschen Literaturgeschichte – etwa vom Faustbuch bis zu Goethes Faust".

Der **Pressealmanach der Stadt Münster** 1928 – eine Publikation mit hohem Niveau – enthielt eine Goethe gewidmete Erzählung von Odo Pasch mit dem Titel „Heim-

Schmisinger Hof
auf der Neubrückenstraße

kehr. Ein Schattenbild aus Münster". Die Erzählung rankt sich um Goethes Münsterbesuch von 1792. Im Angesicht der Flüchtlinge, die ebenso wie er die Nacht nur auf einem Stuhl oder noch ungünstiger verbrachten, kam er sich selbst als auf der Flucht befindlich vor. Statt Schlaf übermannten ihn die vielen Frauengestalten, zu denen er im Laufe seines Lebens Beziehungen gehabt hatte. Endlich kam er wie-

der richtig zu sich, und seine Gedanken wanderten zu seiner Gastgeberin auf der Grünen Gasse, die ihn erwartete.

Eine sehr ungewöhnliche Geschichte erschien im Juniheft der Clubnachrichten des **Civilclubs Münster** aus dem Jahre 1928 unter dem Titel „Wie ich Goethe durch das Clubhaus führte". Der Verfasser blieb anonym. Der Club hatte kurz vorher den Schmisinger Hof, einen alten dreiflügeligen Adelshof, auf der Neubrückenstraße als Heimstatt erworben. Hierauf war man seinerzeit recht stolz und meinte wohl, so etwas müsse dem hohen Gast aus Weimar vorgeführt werden. So leitete ihn der Präsident persönlich durch die großartigen Räumlichkeiten, worauf der Gast sich hochbefriedigt verabschiedete.

Dass der „alte Heide" schließlich im katholischen Münsterland gesellschaftsfähig wurde, dafür war wohl auch das Eintreten des Münsteraner Jesuitenpaters und Kulturkritikers **Friedrich Muckermann** (1883–1946) maßgebend. Er lebte ab 1923 in Münster, wo er die Zeitschrift „Der Gral" herausgab. Er übte bereits 1931 scharfe Kritik an Adolf Hitler und musste 1934 emigrieren. In seinem Buch „Goethe, Essays" von 1931 vertrat er die These, dass eine Verwandtschaft Goethescher Ideen mit denen des Christentums anzuerkennen sei.

70

Das war seinerzeit hier ein sensationeller Gedanke. Seine Sekretärin, die Münsteranerin Nanda Herbermann, gab posthum 1953 Muckermanns Schrift „Goethe, der Weise" heraus.

Im recht launigen Liederheft der alten und angesehenen „Geografischen Gesellschaft zu Münster" befindet sich seit 1936 auch das Lied **„Die Pfütze"** mit sechs Strophen, zu singen nach der Melodie „Gold und Silber". In Vers vier wird u.a. an Goethes münsterschen Aufenthalt erinnert:

*„Selbst die Weltgeschichte kann
von der Pfütze sagen:
Ohne Pfütze hätte man
Varus nie geschlagen.
Hier selbst Goethe steckte drin
Einst in solchem Pfuhle,
Kam zu spät zur Gallitzin,
Schlief drum auf dem Stuhle."*

Die Goetheaufsätze des Münsteraner Philosophen **Peter Wust** (1884 –1940) hat 1961 Wilhelm Vernekohl unter dem Titel „Goethe als Symbol des abendländischen Geistesschicksals" herausgegeben. Professor Wust war 1930 einem Ruf nach Münster gefolgt und wurde später als „Philosoph von Münster" gekennzeichnet.
Anlässlich des 200. Geburtsjahres von Goethe gab **Professor Dr.**

Heinrich Rothert 1949 die Monografie „Goethe und Westfalen" heraus, während Walther Lampe in Bad Pyrmont die kleine Broschüre „Goethe und Bad Pyrmont" veröffentlichte.

Als 1949 nach Überwindung der schlimmsten Nachkriegszeiten überall in Deutschland des 200. Geburtstags Goethes gedacht wurde, fanden auch in Westfalen und insbesondere

Peter Wust

in Münster **„Goethetage"** statt. Wie in dem künstlerisch gestalteten Programmfaltblatt nachzulesen ist, waren die Tage gemeinsam von Universität und Stadt unter Mitwirkung der Deutschen Gesellschaft zur Förderung der Literatur, der Droste-Gesellschaft, des katholischen Kulturringes, der Städtischen Bühnen und des Städtischen Orchesters veranstaltet worden. Im Lichthof des Landesmuseums, der unzerstört

71

geblieben war, fand die aaskademische Feier mit einer Ansprache des Rektors Professor Dr. Lehnartz und dem Festvortrag von Professor Dr. Benno von Wiese statt. Die Universitätsbibliothek veranstaltete im Landesmuseum – ein eigener Raum war noch nicht wieder dafür vorhanden – eine Buchausstellung „Goethe und Westfalen". In der notdürftig hergerichteten Stadthalle sprach Professor Dr. Erich Trunz zu

Titelblatt zu „Goethe" von Friedrich Muckermann

dem Thema „Urphänomene des Lebens in Goethes Dichtung". Auf der Freilichtbühne des Schlossgartens wurde von den Städtischen Bühnen „Götz von Berlichingen" aufgeführt, und in der Stadthalle referierte Professor Werner Korte über „Goethe und das Lied". Schließlich hielt der Privatdozent Dr. Clemens Heselhaus einen Vortrag zu „Goethe und das literarische Erwachen in Westfalen". Daneben gab es kleinere Goethefeiern in Vereinen und Schulen, so z.B. auch in der Freiherr-vom-Stein-Schule, die gerade

kurz vorher von der Geistschule zur Höheren Handelsschule am Hansaplatz übergesiedelt war. Neben entsprechenden Rezitationen trat besonders der Schulchor unter der Leitung des Musiklehrers Karl Seubel in Aktion.

Noch nie hatte es vorher in Münster solch eine breitgefächerte Goethefeier gegeben.

Erich Trunz (1905–2001) zuletzt Professor für neuere Litera-

Erich Trunz

turgeschichte in Kiel, lehrte von 1950–1957 als Ordinarius an der Universität Münster. Während dieser Lehrtätigkeit hielt er mehrfach Lehrveranstaltungen zum Thema Goethe, so im Sommersemester 1951 über Goethes Lyrik, im Sommersemester 1952 über „Dichtung und Wahrheit", im Wintersemester 1953/54 über Goethes Gedichte und im Sommersemster 1954 über Goethes Alterswerke. Nach Beiträgen in der Zeitschrift „Westfalen" erschien 1971 der Band „Goethe und der Kreis von Münster", der später erweitert und neu aufgelegt wurde. Trunz regte auch die zweibändige Ausgabe „Der Kreis von Münster" an. Berühmt wurde er durch seine Hamburger Goetheausgabe mit mehr als 14 Bänden, die erfolgreichste kritische Werkausgabe der Nachkriegszeit. Ferner erschloss er den Gallitzin-Nachlass. Die Beschäftigung mit dem geistigen Leben Münsters zur Goethezeit ließ Trunz auch in Kiel nicht los. Goethe und sein Werk bildeteten bis zuletzt den Schwerpunkt seiner Forschung. Im Landesmuseum für Kunst und Kulturgeschichte in Münster wurde 1975 eine Ausstellung zu unserem Themenkreis eingerichtet mit dem Titel „Goethe, Jacobi und der Kreis von Münster",

an der auch Erich Trunz wesentlich beteiligt war. Dazu erschien auch ein Katalog.

Ewald Reinhard (1884–1956), der außer seiner hauptberuflichen Tätigkeit als Studienrat am Gymnasium Paulinum auch literarisch tätig war, veröffentlichte 1953 das Buch „Die Münsterische *familia sacra*", in dem er den Gast aus Weimar nicht unberücksichtigt läßt.

Als die Fürstin Gallitzin sich 1785 in Weimar von Goethe verabschiedete, schlug er ihr einen **Briefwechsel** vor. Er begann auch sofort damit, sie aber antwortete ihm voerst nicht; erst später sollte es zu einer Konversation kommen. Es sind acht Briefe von der Fürstin im Goethe- und Schillerarchiv archiviert. Drei Briefe Goethes an die Fürstin waren dem Inhalt nach bekannt. Anfang Dezember 1975 wurde vom Auktionshaus Stargardt in Marburg der Brief Goethes an die Fürstin vom 20. Juli 1802 angeboten. Der Inhalt lautet:

„Auf Ihren vertraulichen Brief, verehrteste Freundin, hätte ich früher geantwortet, wenn ich etwas erfreuliches hätte zu sagen gehabt. Leider sind diejenigen von meinen Gönnern und Freunden, die ansehnliche Summen Geldes auszugeben haben ohne entschiedene Neigung zur Kunst. Der Herzog von Gotha, der viel anschafft

und sich in Gemälden und alten Münzen freut, scheut sich gleichsam vor einer neuen Liebhaberey, bey der soviel bedenkliches zusammenkommt; denn nichts ist vielleicht schwerer als eine sichere Kenntniß der geschnittenen Steine. Ich habe vor kurzem, mit einem sehr einsichtsvollen Freunde, die Abdrücke, die noch in meinen Händen sind, aber-

mals durchgegangen, da wir uns denn von dem großen Werth der Originale überzeugten. Wie schwer ist's aber, solche Überzeugung auf andere fortzupflanzen. Wir dachten auch schon Umrisse von den Gemmen, mit einer kurzen Rezension, herauszugeben, um dadurch die Sammlung bekannter zu machen; so wie überhaupt die Menschen etwas mehr Respekt vor den Dingen haben, wenn sie in Kupfer gestochen, oder im Druck irgendwo aufgeführt sind. Allein

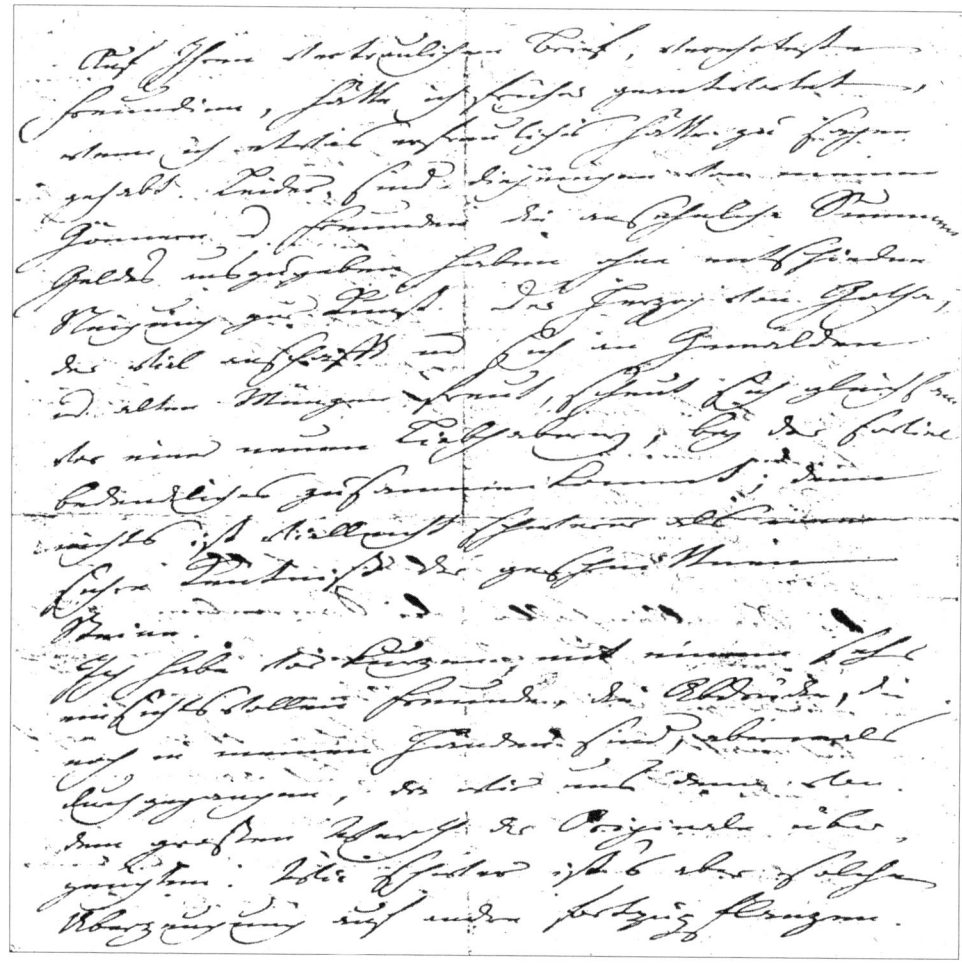

Brief Goethes an die Fürstin

auch dieses hat seine Schwierigkeiten, weil es baare Auslagen erfordert und man ohne Aufopferung wohl keinen Verleger finden würde.

So viel wüßte ich zu sagen und überlasse Ihnen nun ob Sie mir etwa die geringste Summe melden wollen, um die Sie allenfalls die Sammlung verließen.

Auch ob Sie mir die Steine wieder zu-
schicken wollten; denn freylich macht
der Anblick solcher Waare erst wieder
Lust, da man sich gegen den Gedanken
noch immer allenfalls verteidigen kann.
Ich würde Sie alsdann sogleich mit dem
H. von Gotha vor die Augen bringen
auf den ich allein noch einige Hoffnung
habe.
Wie sehr wünschte ich, da sich über ein
Geschäft noch allenfalls schreiben läßt,
mich über manches andre mündlich
mit Ihnen zu unterhalten. Seitdem wir
uns gesehen habe ich manche Lebens
und Bildungsepochen überstanden und
auch Sie sind gewiß vorgerukt. Welche
neue Vortheile würden uns aus der Mit-
teilung entspringen.
Doch eben bedenke ich dass gerade in
diesem Augenblick der äussre Zustand
um Sie her, sich völlig zu verändern
droht, welches doch auch auf mancher-
ley Weise auf Sie einwirken muß. Leben
Sie recht wohl und wie Sie sich selbst
gleich bleiben, so bleiben Sie auch mei-
ne Freundin.

W. d. 20. Jul 1802, Goethe"

Dank einer Sonderzuwendung des Ministers für Wissenschaft und Forschung des Landes Nordrhein-Westfalen und eines zusätzlichen Betrages der Fördergesellschaft der Universität Münster konnte schließlich das wertvolle Autograph von der Universitäts- und Landesbibliothek Münster erworben werden. Es handelt sich hierbei um das erste Goethemanuskript, das die Bibliothek in Besitz nehmen konnte.

Im Gegensatz zu anderen deutschen Städten konnte sich die Stadt Münster lange Zeit nicht dazu durchringen, den Dichter durch die Namengebung einer Straße zu ehren. Im zuerst entstandenen „Dichterviertel" der Stadt, das in den dreißiger Jahren des vorigen Jahrhunderts nördlich des Kreuzviertels entstand, wurden wohl Friedrich-Wilhelm Weber, Ferdinand Freiligrath, die Brüder Heinrich und Julius Hart und Nikolaus Lenau als Namensgeber gewählt, aber nicht Goethe. Angeregt wurde die Stadtverwaltung mehrfach dazu, so in einem Leserbrief vom 23. Juli 1949 in den „Westfälischen Nachrichten", unterzeichnet mit dem Monogramm W.Q. und in einem weiteren Leserbrief von M.B. am 7. März 1957 in derselben Zeitung. Erst als 1975 im Zuge der neuen Gemeindeordnung das Dorf Roxel zu Münster kam, konnte dieses Defizit ausgeglichen werden. In einem Neubaugebiet entstand dort eine **Goethestraße.** Leider fehlt jedoch die kurze Kommentierung des Straßennamens mit dem Hinweis auf Goethes Besuch in unserer Stadt.

Im Jahr 1982 jährte sich Goethes Todestag zum 150. Male. Aus diesem Anlass erwies auch die Universität Münster dem Dichter ihre Reverenz. Sie bot mit ihrem 36. **Internationalen Ferienkurs** unter dem Motto „Goethe, Werk und Wirkung" für Germanisten in der Zeit vom 2. bis 22. August vielen studierenden Goethefreunden ein hochinteressantes Programm.

Neunzig ausländische Interessenten hatten sich angemeldet. Den größ-

Goethestraße in Münster-Roxel

ten Anklang fand das Programm bei Franzosen, Italienern und Schweizern. Als Novum wurde der erste Teilnehmer aus dem damaligen Ostblock, nämlich aus der Tschechoslowakei, gemeldet. Das Spektrum der Vorträge reichte von Nietzsche über Adalbert Stifter bis hin zu Thomas Mann, deren Beziehungen zu Goethe einer kritischen Analyse unterzogen werden sollten. Das wissenschaftliche Programm des Ferienkurses wurde ergänzt durch

anspruchsvolle Rahmenveranstaltungen. So empfing der Oberbürgermeister Dr. Werner Piechalla die Gäste im historischen Rathaussaal, Professor Dr. Georg Kauffmann referierte über Goethes Bilderwelt und Frau Prof. Dr. Maria Brockhoff hielt die zahlreichen Hörer mit dem Thema „Goethevertonungen" über zwei Stunden wahrhaft in Atem.

Der Germanist **Alwin Binder**, Professor für neuere deutsche Literatur an der Westfälischen-Wilhelms-Universität Münster, beschäftigte sich eine Zeit lang mit verschiedenen Faust-Ausgaben. Das jeweils Veränderte und neu Dazugekommene erläuterte er im Lichte der Erfahrungen, die Goethe und sein Lesepublikum gemacht hatten. Dazu kam sein Buch „Faustische Welt" 2002 im Lit-Verlag Münster heraus, jetzt in der 5. Auflage.
Der Schriftsteller und Literaturkritiker **Otto A. Böhmer** wurde 1949 geboren, wuchs in Warendorf auf und lebt heute in Wöllstadt/Wetterau. Er studierte in Münster und Freiburg Philosophie, Politologie, Soziologie und Literaturwissenschaft. Nach dem Studium war er als Lektor für mehrere Verlage tätig.
1999 gab Böhmer den Roman „Der junge Herr Goethe" heraus und im April 2002 erstellte er die Radiobiografie „Erprobtes Glück. Das Leben

des Johann Wolfgang Goethe". 2005 veröffentlichte er im Diogenes-Verlag das Buch „Johann Wolfgang Goethe. Sein Leben".

Der Sprachwissenschaftler und Privatdozent **Klaus Siewert**, der jetzt an der Universität Paderborn lehrt, beschäftigte sich schon vor längerer Zeit mit der münsterschen Geheimsprache „Masematte". Dabei handelt es sich um einen regionalen

Buchdeckel Alwin Binder

westfälischen Dialekt des Rotwelschen, der seit 1870 quellenmäßig belegt ist und in einigen ärmeren Vierteln von Münster durch Sprachkontakt der heimischen Bevölkerung mit zugezogenen Nichtsesshaften, Hausierern und ambulanten Gewerbetreibenden entstand. Sie-

wert hat den „Erlkönig" von Goethe in diese Sprachform übertragen, aber auch einige Passagen aus Goethes „Faust".

Mathilde Köhler, Journalistin und Lektorin, wurde in Westfalen geboren und besuchte bis zum Abitur das Vorsehungskloster in Münster-Handorf. Sie studierte neuere Sprachen und vergleichende Literaturwissenschaft in München,

Mathilde Köhler

Leipzig und Berlin. In Münster schloss sie ihr Studium mit der Promotion ab. Sie war Journalistin in Hamburg und arbeitete dann als Korrespondentin in New York für das Hamburger Abendblatt. Im Jahr 1993 erschien ihre umfangreiche und aussagekräftige Gallitzin-Biografie unter dem Titel „Amalie von Gallitzin. Ein Leben zwischen Skandal und Legende".

Charlo-Ballade

*Wer juchelt so spät durch die Meimelatur? /
Was kneistern die Döppen, ein Hacho nur. /
In der Feme er fest seinen Koten hält, / damit
der Jölbst nicht vom Zossen fällt.*

*Mein Sohn, was machst Du für ein moriges Po-
num? / Oh Vater, im Beis gibts gleich hamel
Bambonum. / Der Osnik schmust schon kimmel
Uhr: / ach läge ich in der Firche nur.*

*Mascheminus, Du machst mich kolone. / Die
Alsche schmust oser laulone. / Tschi oser, Du
kennst sie doch genau, / auf jut Meter zirocht
sie den Schabau.*

*Sie muckert ömmes die Figine, / Du hegst
ja nicht mal ne Beschine. / Kein Lobi bescht
mehr in Deine Gatte, / geteilt haben sie Dir
Deine Patte!*

*Hättest Du sie verkalibort, / wäre die Ma-
summes nicht geschort. / Warum mußtest Du
so schickern, / das jovle Lobi zu verklickern, /
mit ne Romdi in die Pofe gehn, / maschemau,
das war nicht schön.*

*Halts Rösch, Du Koten, ich reune ein Licht, /
muckerst Du die Alsche nicht? / Die miese
Lobbe, den schoflen Blick, / ich beschplete, ich
natsch krick. / Tacko vom Zossen der Hacho
steigt: / teilacht schnell zum Schonterbeis, /
macht die Kabache von innen zu, / jetzt hat
der Knebbel erst mal Ruh.*

*Die Moral von der Geschicht, / verschaske Dein
toftes Lobi nicht! / Lass Deine Femen von den
Tucken, / dann brauchst Du auch nicht zu be-
schucken. / Du Seger, sei doch nicht kolone, / es
bringt kein Massel, tschi laulone. / Denk daran,
Du Schauter, maschemau, / Deine Ische macht es
doch für lau. / Appetit holen kannste Dir, Du
Kneis: / Aber achilen mußt Du in Deinen Beis!*

Der Erlkönig

*Wer reitet so spät durch Nacht und Wind? /
Es ist der Vater mit seinem Kind; / Er hat
den Knaben wohl in dem Arm, / Er faßt ihn
sicher er hält ihn warm.*

*„Mein Sohn, was birgst du so bang dein Ge-
sicht"? / „Siehst, Vater, du den Erlkönig
nicht? / Den Erlenkönig mit Krön und Schweif?" /
„Mein Sohn, es ist ein Nebelstreif."*

*„Du liebes Kind, komm, geh mit mir / Gar
schöne Spiele spiel' Ich mit dir; / Manch' bunte
Blumen sind an dem Strand; / Meine Mutter
hat manch' gülden Gewand."*

*„Mein Vater, mein Vater, und hörest du nicht, /
Was Erlenkönig mir leise verspricht?" / „Sei
ruhig, bleibe ruhig, mein Kind! / In dürren
Blättern säuselt der Wind." /*

*„Willst, feiner Knabe, du mit mir gehn? /
Meine Töchter sollen dich warten schön; /
Meine Töchter führen den nächtlichen Reihn /
Und wiegen und tanzen und singen dich ein."*

*„Mein Vater, mein Vater, und siehst du nicht
dort / Erlkönigs Töchter am düstern Ort?" /
„Mein Sohn, mein Sohn, ich seh' es genau; /
Es scheinen die alten Weiden so grau."*

*„Ich liebe dich, mich reizt deine schöne Gestalt; /
Und bist du nicht willig, so brauch' ich Gewalt." /
„Mein Vater, mein Vater, jetzt faßt er mich
an! / Erlkönig hat mir ein Leids getan!"*
*Dem Vater grauset's, / er reitet geschwind, /
Er hält in Armen das ächzende Kind, / er-
reicht den Hof mit Mühe und Not; / In seinen
Armen das Kind war tot.*

In dem Buch befassen sich zwei Kapitel speziell mit dem Verhältnis der Fürstin zu Goethe.

In der Spielzeit 2006/7 wurde von der Niederdeutschen Bühne an den Städtischen Bühnen Münsters Goethes „Urfaust" gegeben, in der Bearbeitung von **Hannes Demming.** Das Wagnis der Inszenierung in münsterländischem „Platt" erwies sich als sensationeller Publikumserfolg.

Im Münsteraner Verlag Aschendorff kam darauf im Jahr 2009 der Titel „Johann Wolfgang von Goethe. Hanes Demming. Dat Spiel van Doktor Faust - Urfaust" heraus. Der Text war von ihm in die münsterländische Mundart des Niederdeutschen übersetzt worden.

Der Herausgeber der Zeitschrift „Westfalium" **Winand Geuking** berichtete kürzlich im Heft 32 über eine Jubiläumsfeier der Warendorfer Buchhandlung Josef Schnell. Beigegeben war ein Bild mit dem Titel „Gemeinsame Goetheliebe: Verleger Peter Salmann, Klaus Tudyk aus Berlin mit der Goethebüste des Bildhauers Achilles Moorgard, die von dem Dichter Augustin Wibbelt in Auftrag gegeben wurde.

Buchdeckel Hannes Demming

Wibbelt-Freunde mit der Goethebüste von dem Bildhauer Achilles Moortgat

Goethe und die Bildende Kunst in Westfalen

Auch unter dem Aspekt der bildenden Kunst sind westfälische Verflechtungen mit Goethe nachzuweisen.

Zunächst beschäftigte sich der große Meister mit westfälischen Kunstwerken und Künstlern, andererseits haben sich umgekehrt in größerem Umfang westfälische Künstler mit Person und Werk Goethes auseinandergesetzt.

Der Dichter schätzte einige westfälische Künstlerarbeiten

Wie sehr der unbekannt gebliebene Künstler des religiösen Reliefs der „Kreuzabnahme" an den **Externsteinen** Goethe angeregt hatte, wurde oben bereits dargelegt.

![„Kreuzabnahme" an den Externsteinen]

„Kreuzabnahme" an den Externsteinen

Die Ableitung des Reliefs aus der Kleinkunst in Gestalt von Bronzeguss, Elfenbein und Miniaturmalerei ist vielfach versucht worden, besonders von A. Fuchs, der auf Reliquiare mit der Kreuzabnahme in Nürnberg und London verweist. Dabei hat vor allem der zeitweise

als geknickte Irminsul gedeutete gebogene Baum, auf dem Nikodemus steht, zu Diskussionen geführt. Gaul verweist dagegen auf parallele vegetabile Bildungen am hei-

Silberne Taufschale des Otto von Cappenberg

ligen Grab in Gernrode. Nach der Formgebung dieses Baumes, die sich ähnlich in der gleichzeitigen Kapitellplastik von Paderborn im

Abdinghof belegen lässt, vermutet Gaul, dass es sich um einen heimischen Meister – möglicherweise aus Paderborn – gehandelt habe.

Nach der Säkularisierung des Klosters Cappenberg – zwischen Münster und Dortmund gelegen – kam eine kunsthistorisch bedeutsame Taufschale in den Handel. Diese silberne Schale hatte Kaiser Friedrich Barbarossa seinem Paten Otto von Cappenberg 1155 als Geschenk gemacht; sie befand sich seit dieser Zeit in Cappenberg. Das Kunstwerk war teilvergoldet, getrieben und graviert. Das Gefäß geriet nach Auflösung des Klosters in den Kunsthandel. Im Jahre 1819 hatte

Tanzfest der Herodias

die Erbgroßherzogin Anna Paulina von Sachsen-Weimar sie auf Anraten Goethes erworben, ohne deren Herkunft zu kennen. Man bemühte sich zunächst in Weimar vergeblich, das herauszufinden, bis schließlich der Freiherr vom Stein, der mit Goethe bekannt war, die Erwerber über die Herkunft aufklärte.

Im Jahr 1933 veräußerte das großherzogliche Haus die bedeutende Antiquität an das Berliner Kunstgewerbemuseum, wo sich die alte Taufschale noch heute befindet, nämlich in dem Neubau am Kemper-Platz. In der alten Klosterkirche in Cappenberg befindet sich heute eine sehr gute Kopie.

Angetan war Goethe auch von den Arbeiten des **Israel van Meckenem** (gest. 1503) dem Jüngeren, der aus Bocholt stammte. Dieser westfälische Meister schuf ungefähr fünfhundert Kupferstiche. Der mit Goethe eng vertraute Kanzler von Müller schrieb am 30. Mai 1814 darüber, dass sie beide aus Goethes Kunstsammlung den „Tanz der Herodias", eines der schönsten Blätter des Bocholters, mit Vergnügen angeschaut hätten. Auf dem Blatt findet ein großes und feierliches Tanzfest statt. Die Musikanten auf einem Podest tragen das Abzeichen der Stadtmusikanten von Münster.

Als amtierender Minister des Herzogs von Sachsen-Weimar oblag Goethe u.a. auch die Beschäftigung mit der Kunst. Um 1800 veranstaltete er eine Zeitlang in regelmäßiger Folge in Weimar Kunstausstellungen, die mit einer Preisverleihung verbunden waren. Hierdurch wollte er das zeitgenössische künstlerische Leben im Sinne klassizistischer Kunstvorstellungen fördern. Einer der Geförderten war auch **Ernst von Valentini** (1759–1835). Dieser war bis zu seinem 26. Lebensjahr

Ernst von Valentini

zunächst Buchhändler in Lemgo und in Münster. Nebenbei bildete er sich autodidaktisch im Zeichnen und Malen weiter. Er arbeitete in Frankfurt, Genf, Parma, Mailand, Florenz und Rom. Vielerorts wurde er von hohen Herrschaften durch Aufträge unterstützt. 1792 ging er nach Neapel. Durch die französische Revolution vertrieben kam Valentini 1795 als fürstlich Lippischer Hofmaler und Zeichenlehrer nach Detmold. Bald genoss er als Porträtmaler ein hohes Ansehen. In Bad Pyrmont malte er zum Beispiel die Königin Luise. Wahrscheinlich lernte ihn hier auch Goethe kennen. Dieser war von der Qualität der Werke des Lippers überzeugt und lud ihn ein, an Kunstausstellungen in Weimar teilzunehmen. Er selbst besorgte auch die Rahmung und Aufstellung seiner Bilder. Noch zwei weitere Male war Valentini auf einer Weimarer Ausstellung dabei.

Zeusgemme

Westfälische Künstler setzen sich mit Goethe und seinem Werk auseinander

Einer der ersten westfälischen Künstler, der sich dem Werk Goethes zuwandte, war **Engelbert Seibertz** (1813–1905) aus Arnsberg. Er illustrierte Teil I von Goethes Faust und stellte dem Werk voran eine Darstellung Goethes als Dichterfürst auf einem Thron sitzend. Im Hintergrund erkennt

als Kunstwerk des Monats vor. Ende des 19. Jahrhunderts beschäftigte sich der westfälische Historienmaler **Reinold Theobald von Oer** (1807–1896), geboren auf Haus Nottbeck bei Warendorf und später tätig in Dresden, künstlerisch mit dem Kreis von Münster. Am bekanntesten wurde sein großes Öl-

Goethe als Dichterfürst

man schemenhaft Gestalten aus dem „Faust". Mehrere seiner feinen Zeichnungen hierzu waren bereits 1848 in Arnsberg entstanden. Im Goethejahr 1982 stellte das Westfälische Landesmuseum in Münster eine Abbildung aus dem illustrierten Werk „Das schönste Bild von einem Weibe"

Das schönste Bild von einem Weibe

gemälde „Die Fürstin Gallitzin im Kreise ihrer Freunde". Es handelte sich um eine Auftragsarbeit des westfälischen Adels, der das Historienbild dem Bischof von Münster schenkte. Heute befindet sich das Gemälde im Westfälischen Landesmuseum für Kunst- und Kulturgeschichte. Danach fertigte 1867 Paul Dröhmer einen Kupferstich, den der Westfälische Kunstverein als „Nietenblatt" seinen Mitgliedern zukommen ließ.

Das große Bild des Malers von Oer wurde um 1900 von dem Münstera-

Der Kreis von Münster

ner Maler Eugen Fernholz in Öl und 1985 von dem Münsteraner Maler Hans-Georg Dornhege in Acrylfarben ungefähr gleichformatig und in gleicher Größe kopiert.

Erst in den fünfziger Jahren des vergangenen Jahrhunderts wurde bekannt, dass der Maler Theobald von Oer eine kleine Vorstudie hinterließ, auf welcher er darstellt, wie die Fürstin in Beisein ihrer hiesigen Freunde dem Gast aus Weimar die Gemmensammlung zeigt. Das Bild wurde erstmals 1957 auf einer Ausstellung im Schloss Cappenberg vom Kunsthistorischen Museum in Dortmund gezeigt. Der Wissen-

schaftler Dr. Siegfried Sudhof hatte das Gemälde bei einem Verwandten von Oers in Gößweinstein entdeckt und darüber in den Westfälischen Nachrichten vom 1.12.1956 berichtet. In Münster wurde das Bild erstmals 1998 in der Universitäts- und Landesbibliothek anlässlich einer Ausstellung zum 250. Geburtstag der Fürstin Gallitzin gezeigt.

Goethe im Kreis von Münster

Theobald von Oer erarbeitete auch mehrere Illustrationen zu Goethes Werken wie z.B. zu „Johanna Sebus" und zu dem „Zauberlehrling". Die Illustration zu dem Gedicht „Ilmenau" konnte vor einiger Zeit das Goethemuseum in Düsseldorf erwerben. Das Museum Abtei Liesborn bei Warendorf betreut heute einen Teil des künstlerischen Nachlasses von Theobald von Oer. Dort befindet sich die Zeichnung „Goethe und Karl August auf einem Berggipfel".

Theobald von Oer war ein so großer Goetheliebhaber, dass er, als dieser 1832 zu Grabe getragen

Johann Wolfgang von Goethe
(1749–1832)

Der Zauberlehrling

Hat der alte Hexenmeister
sich doch einmal wegbegeben!
Und nun sollen seine Geister
auch nach meinem Willen leben.
Seine Wort' und Werke
merkt ich und den Brauch,
und mit Geistesstärke
tu ich Wunder auch.

Walle! walle
manche Strecke,
daß, zum Zwecke,
Wasser fließe
und mit reichem, vollem Schwalle
zu dem Bade sich ergieße.

wurde, zu Fuß von Dresden nach Weimar wanderte, um an der Beisetzung teilzunehmen.

Der aus Rietberg gebürtige und später in Münster schaffende Bildhauer **Heinrich Fleige** (1840–1890) ist besonders bekannt durch das Denkmal des Freiherrn von Fürstenberg, das heute vor dem Fürstenberghaus in Münster einen neuen Platz gefun-

Goethe und Karl August auf einem Berggipfel

den hat. Er hatte sich 1871 auch, als in Berlin ein Goethedenkmal errichtet werden sollte, an dem Wettbewerb beteiligt. Der Entwurf stellte Goethe mit einfachem Überrock dar, und der Sockel war mit

Illustration zum Gedicht „Ilmenau"

Figuren aus seinem literarischen Werk wie Faust, Hermann, Dorothea usw. geschmückt. Allerdings erhielt Fleige den Auftrag nicht.

Im Jahr 1898 erhielt die Lambertikirche in Münster wegen Baufälligkeit des alten einen neuen Turm. Im Zuge dieser Änderung entstand auch ein neuer Kircheneingang an der Westseite zum Prinzipalmarkt hin. 1910

Anton Rüller

wurde der damals in Münster bekannteste Bildhauer **Anton Rüller** (1864–1936) beauftragt, elf Statuen für dieses Westportal zu schaffen. Heute ist Rüller mehr bekannt durch sein Denkmal der Dichterin Annette von Droste-Hülshoff in der Kreuzschanze in Münster. Die Figuren am Kirchenportal sollten die Thematik der kirchlichen Heilsverkündung aufgreifen und schmücken seit Ostern 1911 das Kirchenportal. Unter ihnen befinden sich die vier Evangelisten, zu erkennen an ihren Symbolen, Engel, Löwe, Stier und Adler.

Eine Besonderheit entgeht allerdings den meisten Vorübergehenden. Das Gesicht des Evangelisten Lukas trägt nämlich die Züge des im Nachdenken versunkenen Goethe und das des Evangelisten Markus gleicht Friedrich von Schiller. Die genauen Hintergründe, wie es dazu kam, sind wohl heute nicht mehr

Westportal der Lambertikirche

zu ermitteln. Man muß davon ausgehen, dass kaum ein Zeitgenosse diese Ähnlichkeit wahrgenommen hat. In der einschlägigen Literatur ist jedenfalls nirgends etwas über diese bemerkenswerte Tatsache zu lesen. Nicht einmal der Münsteraner Josef Bergenthal hat in seinem Buch „Münster steckt voller Merkwürdigkeiten" darüber geschrieben. Und zwei Evangelisten mit den Gesichtszügen von Goethe und Schiller an einem Kirchenportal dürften in Deutschland wohl einmalig sein. Hans Josef Böker geht in seiner

Monografie „Die Marktpfarrkirche St. Lamberti zu Münster" von 1989 zwar ausdrücklich auf diese beiden Figuren der Evangelisten ein und vertritt die Ansicht, sie hätten eine gewisse Ähnlichkeit mit entsprechenden Figuren, die Donatello im 15. Jahrhundert in Florenz geschaffen hatte, erwähnt jedoch mit keinem Wort die Ähnlichkeit mit den beiden klassischen Dichtern.

Der Münsteraner Oswald Brehe ver-

Evangelist Markus mit Goethekopf

tritt heute die Ansicht, die Darstellung beziehe sich möglicherweise auf einen um 1900 in der Katholischen Kirche entbrannten Literaturstreit. Angelpunkt dieses Streits sei die Frage gewesen, ob Werke der beiden Klassiker Goethe und Schiller in einer deutschen katholischen Familie Platz finden dürften. Die ablehnende Meinung vertrat seinerzeit der Münsteraner Prälat Franz Hülskamp (1833–1911), der ein herausragender Kopf des katholischen Geistesleben war und bekannt wurde durch die Herausgabe der Zeitschrift „Literarischer Handweiser für das katholische Deutschland". Der damalige Pfarrer von St. Lamberti, Bernhard Müer, sei dagegen aufgeschlossener gewesen und habe die Hommage an die beiden Klassiker – klammheimlich – veranlaßt, in

Wolfhard Raub sind zum Stichwort Goethe drei verschiedene Druckerzeugnisse genannt. Unter der Nummer A 41 wird aufgeführt: Goethe. Deutsche Dichtung. Hrsg. und eingeleitet von Stefan George und Karl Wolfskehl (Bd. 2). Berlin, Blätter für die Kunst 1901. Die interessanteste Buchschmuckseite zeigt den Blick durch Säulen auf einen in Wolken und den Sternenhimmel sich verlierenden Berg, von rotem Lorbeer-

Buchillustration für Goethe

Figuration, Westportal Lambertikirche

der damals noch streng katholischen Kirche eine revolutionäre Tat!
Der aus Münster stammende Maler und Illustrator **Melchior Lechter** (1865–1937) wird heute als einer der bekanntesten Künstler der Jugendstilzeit angesehen. In dem umfassenen Werkverzeichnis von Dr.

blattrahmen eingefasst. Der Titel ist in Rotdruck dem Bilde eingefügt.
Unter der Nummer A 42 liest man „Das Jahrhundertwek Goethes" (Deutsche Dichtung. Hrsg. und eingeleitet von Stefan George und Karl Wolfskehl (Bd. 3). Berlin, Blätter für die Kunst 1902. Schließlich versah Lechter das 1909 von Richard M. Meyer veröffentlichte Buch „Goethe und seine Freunde im

Briefwechsel" – eine Folge von drei Bänden mit ebenso bemerkenswertem Buchschmuck im Jugendstil, bei Raub unter A 78 zu finden.

Der berühmte Münsteraner Maler **Fritz Grotemeyer** (1864–1947), der bereits mit einem Ölgemälde in dieser Schrift vorgestellt wurde, ist nicht nur durch seine Historienbilder, sondern auch durch Illustrationen bekannt geworden. Aus dem Jahr 1920 datiert eine Illustration zu Goethes Faustdichtung, nämlich „Faust in seinem Studierzimmer"..

Der Münsteraner Bildhauer und Maler **Aloys Röhr** (1887–1953) schuf 1920 eine große Bronzeplakette mit den Porträts von Goethe und

Buchillustration für Goethe

der Fürstin Amalie von Gallitzin zur Erinnerung an den Besuch des Dichters im Jahre 1792. Sie wurde angebracht an der Vorderfront der Annette von Droste-Hülshoff-Schule, die auf dem ehemaligen Grundstück der Fürstin an der Grünen Gasse erbaut worden war.

Bis vor kurzem wurde diese Arbeit dem Bildhauer Albert Mazotti aus Münster (1882–1951) zugeschrieben, in dessen Werkstatt Aloys Röhr

„Faust in seinem Studierzimmer"

arbeitete. Diese Tatsache ergibt sich aus dem Katalog über Aloys Röhr, der 2009 zur gleichnamigen Ausstellung im Stadtmuseum Münster von Dr. Bernd Thier herausgegeben wurde. Die Schule ging im Bombenkrieg unter. Sie wurde in den fünfziger Jahren wieder aufgebaut und konnte 1956 eingeweiht werden. Im Mai 1956 gab der Verein „Niederdeutsches Münster" in den Westfälischen Nachrichten bekannt, dass man an der Schule eine neue Gedenktafel anbringen lassen wolle. Die Münsteraner wurden zu Spenden aufgerufen. Der Aufruf hatte Erfolg. Der Münsteraner Bildhauer und Medailleur **Paul Waldow** (1898–1972) schuf eine neue Erinnerungstafel in Baumberger

Gedenktafel 1920

Sandstein mit einer vereinfachten Darstellung des ehemaligen Wohnhauses der Fürstin und der Inschrift „Dieses Haus, Sammelpunkt der *Familia sacra*, sank am 10. Oktober 1943 in Trümmer. A.D. 1959". Auf dem oberen Teil der Platte konnte die alte Bronzegedenktafel, von ihm aus den Trümmern geborgen, eingefügt werden.

Der Münsteraner Grafiker **Waldemar Mallek** (1906–1998) schuf zum Goethejahr 1949 eine Federzeichnung mit dem Doppelporträt

Goethe-Gallitzin für das Programmheft der Goethetage 1949 in Münster. Daneben entwarf er auch das Bild für den Buchdeckel „Goethe und Westfalen" von Hermann Rothert. Hierfür entstand ein Holzschnitt mit dem Porträt des älteren Goethe.

Hans Pape (1894–1970), ebenfalls angesehener Grafiker aus Münster, erarbeitete eine Holzschnittserie „Dichterstätten in Westfalen". In dieser Folge findet man seinen

Gedenktafel 1956

Holzschnitt „Goethes Reisewagen vor dem Haus der Fürstin".

Der Münsteraner Maler **Bernhard Peppinghege** (1893–1966), der viele Jahre in dem Dörfchen Angelmodde lebte, wo die Fürstin Gallitzin eine Sommerwohnung hatte, schuf

91

Goethe und Gallitzin im Programmheft

Fürstin Gallitzin

in seinen letzten Lebensjahren ein großes Ölgemälde von Amalie von Gallitzin. Heute hängt das Bild im Gallitzin-Haus in Angelmodde.

In den achtziger Jahren des vorigen Jahrhunderts entstand nach dem Historienbild „Die Fürstin Amalie von Gallitzin im Kreise ihrer Freunde" von R.-T. von Oer eine gleich große Kopie in Acrylfarbe und moderner Pinselführung von dem Münsteraner Maler **Hans Georg Dornhege** (geb. 1938). Das Gemälde hängt seit vielen Jahren im großen Raum des Civilclubs Münster auf dem Alten Fischmarkt 25–26.

Goethes Reisewagen auf der Grünen Gasse

Anlässlich des 1200jährigen Stadtjubiläums in Münster stellte der münsterländische Bildhauer **Bernhard Kleinhans** (1926–2005) aus Sendenhorst 1992 eine Bronzeplastik her, die an Goethes erste Nacht in Münster erinnern soll. Goethe ruht hier mit einem Buch in der Hand gähnend auf einem Stuhl. Nachdem diese Plastik eine Zeit lang im Ausstellungsraum des Künstlers gestanden hatte, wurde sie vor 1999 einem Brunnenensemble in Bad Waldliesborn im östlichen Münsterland als Krönung zugefügt. Der Künstler hatte den Brunnen mit der Goethefigur vor Jahren zur Ausschmückung des Rosenplatzes in Münster vorgesehen. Die Stadt konnte sich jedoch nicht zum Erwerb der Plastik entschließen. Im Jahr 1999 entschloss

Buchgestaltung zu Goethe

Goethe gähnend auf einem Stuhl

sich das Heilbad Waldliesborn den „Goethebrunnen" für seinen Kurpark, den bereits viele andere Großplastiken des Künstlers zierten, zu erwerben. Auf einer Schrifttafel des Brunnenfrieses zitiert Kleinhans einen Goethetext aus der „Campagne

in Frankreich", der sich auf dessen münsterschen Aufenthalt bezieht. Es bleibt zu bedauern, dass der Brunnen nun 70 km von Münster entfernt zur Schau steht. Die Kurzeitung des Bades vom Juni 1999 berichtet mit einem Text und vier Fotos stolz über diesen Beitrag zum Goethejahr.

Der Münsteraner Bildhauer **Rudolf Breilmann** (geb. 1929) hat bereits

Goetheplakette 1999

Das Treffen in Angelmodde

mehrfach Porträtmedaillen bekannter Künstlerpersönlichkeiten geschaffen. Bisher kannte man schon solche Arbeiten, die z.B. Annette von Droste-Hülshoff, Franz Ludwig und andere Komponisten vorstellen. Im Jahr 1999 bereicherte er die Serie mit einer Goethemedaille.

Goethebrunnen in Bad Waldliesborn

Mitglieder der Künstlergemeinschaft Münster-Albachten hatten sich vorgenommen, gemeinsam zum Goethejahr 1999 eine kleine Ausstellung zu beschicken. Acht Künstlerinnen und Künstler beteiligten sich daran. Frau Brigitte Frerichross-Busch hatte die Idee und schuf selbst zum Thema mehrere Plastiken. **Hans Kröger** (geb. 1937), der seit langem hier durch seine Reihe „Serigrafien mit Motiven aus Münster" bekannt

wurde, schuf einen Siebdruck mit drei unterschiedlichen Goetheporträts in achtundzwanzig verschiedenen Farbausführungen.

Zu erwähnen bleibt noch, dass der Künstler **Bernd Fülster**, geb. 1951 in Münster, im Goethejahr 1999 bei der Münsteraner Galerie Depping

Goethekomposition

ein Leporello mit einer Illustration zu Goethes Dichtung „Gesang der Geister über den Wassern" als Malerei-Siebdruck herausbrachte. Fülster studierte in Münster und ist heute als Kunsterzieher an der Friedensschule in Münster tätig.

Jetzt sei noch angefügt, dass Goethes Titel „Campagne in Frankreich" so gut wie kaum illustriert wurde. Wohl befinden sich in der Graphischen Sammlung des Goethe-Nationalmuseums 108 Blätter mit Illustrationen zu „Campagne in Frankreich", die von Bartold Asendorpf (1880–1946) stammen. Dort wie auch in der entsprechenden

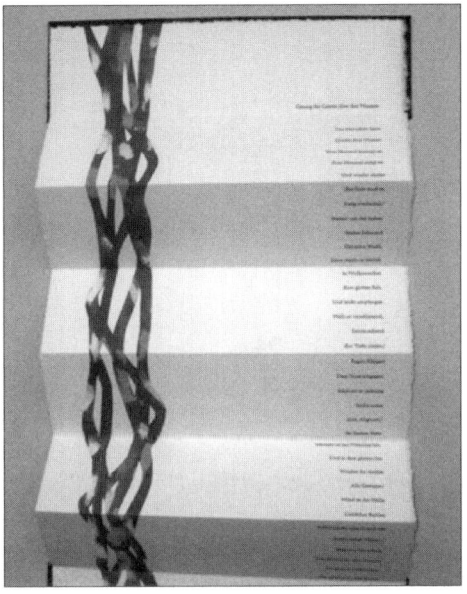

Gesang der Geister über den Wassern

Stahlstichserie von Ernst Dertinger (1816–1865) sucht man vergeblich nach Arbeiten, die Goethes Reise durch Westfalen betreffen.

Zum Goethejahr 1949 schuf nur der schweizerische Künstler **Felix Hoffmann** hierzu 76 Federzeichnungen. Bilder, die den westfälischen Teil dieses Reiseberichts betreffen, schildern den Empfang Goethes durch die Fürstin, das Betrachten der Gem-

mensammlung im Salon der Fürstin, Goethes Reisewagen in der „Wüstenei Westfalens" und verschiedene Gemmenporträts.

Anlässlich des 1200jährigen Jubiläums der Stadt Münster im Jahr 1993 stiftete die Westdeutsche Landesbank eine Skulptur des baskischen

Fürstin Gallitzin empfängt Goethe

Bildhauers **Eduardo Chillida**. Es handelt sich um zwei wuchtige einander gegenüberstehende Bänke aus Stahl, die sich nur in Details voneinander unterscheiden und jeweils acht Tonnen schwer sind. Die Arbeit mit dem Titel „Toleranz durch Dialog" wurde im Innenhof des historischen Rathauses aufgestellt. Sie soll an den dort besiegelten Westfälischen Frieden von 1648 erinnern, mit welchem am Ende des Dreißigjährigen Krieges erstmals eine europäische Friedensordnung verabschiedet wurde. Der Künstler bestand dann darauf, dass in unmittelbarer Nähe zur Skulptur ein Gingkobaum zu pflanzen sei, was auch geschehen ist. Das Gewächs hat in den vergan-

Goethe im Kreis von Münster

genen Jahren schon eine stattliche Größe erreicht. Der in Münster lebende Literaturkenner Hermann Wallmann beginnt seine Ausführungen in seiner Buchbesprechung zu Siegfried Unselds Veröffentlichung „Goethe und der Gingko" in der Ausgabe vom 2./3. Januar 1998 der Süddeutschen Zeitung mit der Situation in Münster und bemerkt zurecht, dass diese Pointe mit dem Baum von den meisten Vorübergehenden übersehen werde. Chillida habe sich bereits 1986 mit Goethe beschäftigt, als er „La casa

de Goethe" für die Stadt Frankfurt erarbeitete. Wallmann macht nun darauf aufmerksam, dass Chillida auch bei seinem Projekt für Münster „mit Goethe" gearbeitet habe. „Erst, wer das Goethegedicht mit dem Titel „Gingko biloba" kennt, begreift, dass Chillida nicht nur einen allgemeinen dialogischen

Dialog durch Toleranz

Begriff von Politik vermittelt, sondern den besonderen, der sich aus ihrem Verhältnis zum Privaten und dem des Privaten zu ihr ergibt. Es ist ein glücklicher Umstand, dass zwischen dem Jahr, das die 350. Wiederkehr des westälischen Friedens gefeiert hat, und dem, das den 250. Geburtstag Goethes feiern wird, eine wunderschöne leichtfü-

96

ßige Studie von Siegfried Unseld über einen Baum und ein Gedicht erschienen ist".

Hermann Wallmann sprach anlässlich der Goethetagung im Franz-Hitze-Haus in Münster am 30. Oktober 1999 zu diesem Aspekt unter dem Titel „Westöstlicher Divan – Goethes Gedichte und Chillidas Skulptur".

Der Architekt **Bernt Droste** (geb. 1927) hat 1999 das Objekt von Eduardo Chillida in einer Zeichnung festgehalten.

Zur internationalen Skulpturenausstellung 1997 in Münster wurde von dem ukrainischen und in New York lebenden Künstler **Ilja Kabakow** (geb. 1933 in der UDSSR) eine Installation am Aasee eingerichtet mit dem Titel „Blickst Du hinauf und liest die Worte [...]". Bereits geraume Zeit vor Ausstellungsbeginn hörte man in Münster, dass der Text dieses poetischen Sendemastes auf ein Goethezitat zurückgehe, das in einem Brief zu finden sei. Auch in Zeitungen war darüber zu lesen. Jedoch wurde die Quelle dazu nie genannt.

Der oben bereits erwähnte Hermann Wallmann fand jedoch heraus, dass der von Kabakov installierte Text einen Bezug zu Goethes „Die Leiden des jungen Werther" habe. Im ersten Buch schildere Werther in seinem Brief vom 10. Mai, welche wunderbare Heiterkeit ihn umfange

und welches Glücksgefühl er empfinde, wenn er im hohen Grase liege, die hohe Sonne über ihm und das Wimmeln der kleinen Welt um ihn herum. Letzteres erinnert auch an das berühmte Gedicht „Im Grase" der Annette von Droste-Hülshoff. Goethes Werther-Text ist zwar kein echter Quellennachweis, aber die Ähnlichkeit der Situation ist unver-

Poetischer Sendemast am Aasee

kennbar. Wallmann hat im Rahmen der die Skulpturenausstellung begleitenden Veranstaltung „Literatur im Lichthof" am 25. Mai 1997 seine Gedanken hierzu einer interessierten Zuhörerschaft vermitteln können.

Goethekarikaturen

Der Maler **Ludwig Emil Grimm** (1790–1863) hielt sich in den zwanziger Jahren des 19. Jahrhunderts

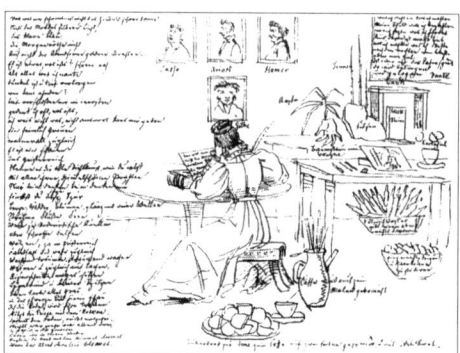

Anna von Haxthausen beim Dichten

häufig bei der Familie des Freiherrn von Haxthausen auf Schloss Bökendorf bei Brakel auf. Viele Zeichnungen entstanden in dieser Zeit. Auf einem dieser Blätter sieht man Anna von Haxthausen an einem

Goethe verbeugt sich vor der Fürstin

Schreibtisch sitzend. An der Wand über dem Tisch hängen Porträts bekannter Dichter. Auch eine Karika-

Karikatur Gallitzin mit Goethe

tur von Goethe ist da zu sehen.
Der Münsteraner Grafiker **Waldemar Mallek** hat 1952 auf einem Stadtprospekt bekannte Persönlichkeiten aus der Stadt karikiert. Er brachte dort neben anderen Goethe und die Fürstin Amalie von Gallitzin ins Bild.
Der Grafiker und Karikaturist **Andreas Rulle** wurde 1959 in Münster geboren. Er studierte Kunst, Französisch und Philosophie. Seine Karikaturen erschienen zuerst in der Oberhessischen Presse. Dann waren es viele deutsche Tageszeitungen, die seine aussagekräftigen Zeichnungen druckten. Im Jahr 2005 wurde Rul-

le mit dem Preis der Stadt Stuttgart ausgezeichnet. Er starb bereits 2008 in Worms.

1992 erschien von ihm für Westfalen der „Fröhliche Reiseführer West-fa-len heiter betrachtet" mit

Die Fürstin hilft dem durchnässten Goethe in die Unterwäsche ihres Mannes

Texten und Zeichnungen. Begleitet von einem schmalen Text wird hier Goethe mit der Fürstin Gallitzin karikiert. Dass der Dichter bei seinem Besuch in Münster erst dreiundvierzig Jahre alt war, kann man der Zeichnung leider nicht entnehmen. Auf dem Bild erscheint er als alter Mann im Schlafrock.

Der Journalist **Werner Benkhoff,** der heute in Düsseldorf lebt, wurde in Westfalen erst vor wenigen Jahren dadurch bekannt, dass er inter-

essante Bilder malte und zeichnete, welche diesen Landstrich betreffen. Es erschienen mehrere inhaltsreiche Kataloge dazu. Ausstellungen in verschiedenen Orten, so auch in Münster, lockten viele Interessierte. Unter

Goethe macht Rast in Angelmodde

dem Thema „O grüss dich Gott Westfalenland" befand sich auch die Karikatur „Die Fürstin hilft dem durchnässten Goethe in die Unterwäsche ihres Mannes".

Der Stadtplaner, Architekt und Zeichner **Rainer Karliczek** wurde 1940 in Schlesien geboren. Nach Studium und Promotion war er Stadtplaner in Stuttgart und Lübeck. Danach wurde er Stadtplaner in Münster. Hier gab er, nachdem er in den Ruhestand gekommen war, das Buch „Lokaltermin Münster", eine historische Satire in 12 Akten und 70 Bildern heraus. Die kolorierte Zeichnung „Goethe erholt sich im Liegestuhl in Angelmodde". wird begleitet von einigen Zeilen.

Kirche zu Angelmodde

Westfälische Komponisten vertonen Goethetexte

Schließlich soll nicht unerwähnt bleiben, dass auch westfälische Tonsetzer zu Goethetexten Kompositionen geschaffen haben.

Vertreter der norddeutschen Klassik. Seine Musik ist stark von Haydn und Mozart beeinflusst. Am bekanntesten hierzulande ist die Vertonung

Andreas Romberg

Alphons von Vagedes

Der bekannte Musiker **Andreas Romberg** (1767–1821), dessen Vater in Münster Musikdirektor gewesen war, gab 1793 in Bonn „Oden und Lieder fürs Clavier" heraus, in denen Goethetexte vertont waren. Als Mitglied der in Münster ansässigen Musikerfamilie Romberg vollendete er seine musikalische Ausbildung in Bonn. Dann war er in Hamburg, in Paris und in Gotha Kapellmeister.
Romberg gilt als der bedeutendste

von Schillers „Glocke". 1794 entstand seine Komposition für das „Heidenröslein" von Goethe.
Die Stadt Vechta veranstaltete im Frühjahr 2010 im Museum „Am Zeughaus" erstmals eine Ausstellung zu Andreas Romberg. Prof. Dr. Martin Blindow aus Münster war der Initiator und Organisator.

Alphons von Vagedes (1760–1795) verbrachte seine Kindheit und Schulzeit in Münster. Ab 1775 erhielt er eine Ausbildung zum Architekten bei dem Münsteraner Oberbaudirektor Wilhelm Ferdinand Lipper. Er wirkte später z.B. am Romberger Hof und beim Innenausbau des Schlosses in Münster mit. Dann war er einer der ersten

Annette von Droste-Hülshoff

Studenten an der 1780 gegründeten Universität Münster. Er wurde besonders bekannt als Baukünstler und erhielt 1812 den Titel „Großherzoglich-Bergischer Baudirektor der Verschönerungen der Stadt Düsseldorf". In vielen Orten nicht nur Westfalens errichtete er herrschaftliche Schlossbauten. Vagedes hatte noch viele andere Talente. Er war ein Universalgenie. Daneben dichtete und komponierte er. So veröffentlichte er 1809 in Merse-

burg „Lieder am Clavier, in Musik gesetzt". In diesem Album sind ebenfalls Goethetexte zu finden, so z.B. das „Veilchen" und ein Lied aus „Erwin und Elmire".
In der Zeitschrift „Mimigardia" von 1810 findet man zwei Vertonungen von ihm zu anderen Dichtungen.

Dass die Dichterin **Annette von Droste-Hülshoff** (1797–1845) sich auch als Komponistin betätigte, ist bekannt. Von ihr gibt es ca. sechzig Liedkompositionen. Darunter befinden sich auch mehrere Texte von Goethe wie „Wer nie sein Brod mit Tränen aß", „Zigeuenerlied", „Offene Tafel", „Hebe selbst die Hindernisse" und das mehrstimmige Lied „Treue". Zwei von diesen Kompositionen findet man auf der Schallplatte „Musik aus dem Hause Droste-Hülshoff", eine Produktion der Stadt Bielefeld, der Annette von Droste-Gesellschaft und des Landschaftsverbandes Westfalen-Lippe. Die Platte wurde 1983 als Jahresgabe ausgeteilt.

Später wurden auch die anderen Lieder digitalisiert aufgezeichnet. Im Jahr 1998 erschien die CD „Wenn ich träume [...] Musik aus dem Fürstenhäusle." Die Annette von Droste-Gesellschaft edierte die Scheibe „Für jedes Glück meinen Traum. Gedichte, Briefe und Lieder der Anette von Droste-Hülshoff".

Literaturverzeichnis

ALFTER, DIETER (Hrsg.), Badegäste der Aufklärung in Pyrmont. Katalog zur Sonderausstellung im Museum Schloss Bad Pyrmont 1994. Schriftenreihe des Museums im Schloß Bad Pyrmont. Nr. 25.

ANONYM, Wie ich Goethe durch das Klubhaus führte. In: Der Civil Club. Münster. Nachrichten für die Mitglieder Nr. 5 Juni 1928.

BECKER, PAUL, „Das Erforderliche zu erforschen". Johann Wolfgang von Goethe im hochdeutschen Werk Augustin Wibbelts. In: Jahrbuch 17 der Augustin Wibbelt-Gesellschaft. Münster 2001. Regensberg.

BENKHOFF, WERNER, „O Grüß Dich Gott Westfalenland". Ein etwas anderer Gang durch die Westfälische Geschichte. Katalog zur gleichnamigen Ausstellung in Münster, Burgsteinfurt u.a. O. Münster 2008.

BERGENTHAL, JOSEF, Westfälische Dichter der Gegenwart. Münster 1954. Regensberg.

BERNHARDT, RÜDIGER, „Vielleicht war er so eine Tyrannenfigur". Hilles Beurteilung Goethes. In: Hille-Blätter 2000. Erwitzen 2000.

BERNHARDT, RÜDIGER, „Ich bestimme mich selbst". Das traurige Leben des glücklichen Peter Hille. Jenaer Studien. Band 6. Jena 2004. Dr. Bussert und Stadeler.

BINDER, ALWIN, Faustische Welt. Interpretation von Goethes Faust in dialogischer Form. 4. A. Münster 2005. LIT Verlag.

BÖKER, HANS JOSEF, Die Marktpfarrkirche St. Lamberti zu Münster. Bonn 1989. Dr. Rudolf Habelt GmbH.

BRAUN, LILY, Aus Goethes Freundeskreis, Braunschweig 1908.

CARVACCHI, KARL, Biographische Erinnerungen an Johann Georg Hamann. Münster 1855. Friedrich Regensberg.

DETERING, HEINRICH, In magischen Kreisen. Goethe und Lippe. Hrsg. v. Lippischen Heimatbund, Lemgo 1984.

DOLLINGER, HEINZ, Die Universität Münster 1780–1980. Münster 1980. Aschendorff.

DROSTE-HÜLSHOFF, ANNETTE VON. Historisch-kritische Ausgabe. Hrsg. v. Winfried Woesler, bearb. von Armin Kansteiner. Bd. XIII, 1–2. Tübingen 1986, Max Niemeyer.

DROSTE-HÜLSHOFF, ANNETTE von. Historisch-kritische Ausgabe. Hrsg. v. Winfried Woesler, bearb. v. Ortrun Niethammer Bd. VII. Tübingen 1998, Max Niemeyer.

EBERT, HELMUT, Lexikon der Bildenden und Gestaltenden Künstler in Westfalen-Lippe. Münster 2001. Aschendorff.

FOLKERTS, HELMUT (Hrg.), Hort kultureller Geselligkeit. Civilclub Münster 220 Jahre alt. Festschrift zum Jubiläum. Münster 1995. Aschendorff.

FOLKERTS, LISELOTTE. Sie trug Münsters Namen in die Welt. Vor 100 Jahren starb Elisabet Ney. In: Zs Auf Roter Erde. Ausgabe März 2008. Beilage der Westfälischen Nachrichten.

FOLKERTS, LISELOTTE, Münster. Nicht immer war es Liebe auf den ersten Blick. Münster und das Münsterland in Stimmen und Bildern durch Jahrhunderte. 2. Auflage. Dülmen 2008.

FOLKERTS, LISELOTTE, Liebe Stadt im Lindenkranze. Münster und das Münsterland in Gedichten und Bildern. Emsdetten 1993. Lechte-Druck.

FOLKERTS, LISELOTTE, Johann Wolfgang von Goethe. Seine Beziehungen zur Fürstin Amalie von Gallitzin, dem Kreis von Münster und anderen Westfalen. Münster 1999. Privatdruck.

FOLKERTS, LISELOTTE, Dr. jur. Anton Matthias Sprickmann. Der Hainbunddichter, Theaterfachmann und Jurist starb vor 150 Jahren. Privatdruck. Münster 1990.

GALLITZIN, AMALIA Fürstin von. Meine Seele ist auf der Spitze meiner Feder. Ausstellungskatalog, bearb. von Petra Schulz u. Erpho Bell, Universitäts- u. Landesbibliothek Münster 1998, Ardey-Verlag.

GEISBERG, MAX (bearb.), Die Bau- und Kunstdenkmäler von Westfalen. Die Stadt Münster. Bd. II. Münster 1933, Aschendorff.

GEUKING, WINAND, Gott, Goethe und gutes Essen. Feier zum 175. Bestehen des Schnell-Verlags in Warendorf. In: Zs Westfalium. Nr. 32, Winter 2009.

GÖDDEN, WALTER/IRIS NÖLLE-HORNKAMP, Westfälisches Autorenlexikon Bd. 1-4, Paderborn 1993–1997. Ferdinand Schöningh.

GÖDDEN, WALTER, Tag für Tag im Leben der Annette von Droste-Hülshoff. Paderborn 1996. Schöningh. S. 71.

GÖDDEN, WALTER/IRIS NÖLLE-HORNKAMP, „Von den Musen wachgeküßt". Als Westfalen lesen lernte. Katalog zur gleichlautenden Ausstellung. Paderborn 1990.

GÖRES, JÖRN, Veränderungen 1774 : 1794. Goethe, Jacobi und der Kreis von Münster. Ausstellungskatalog Goethemuseum Düsseldorf 1974.

HOFFMANN, FELIX, Johann Wolfgang von Goethe, Kampagne in Frankreich 1792. Mit 76 Federzeichnungen illustriert von Felix Hoffmann. Basel 1949. Amerbach-Verlag.

WERBE- U. VERKEHRSAMT DER STADT MÜNSTER. Goethetage in Münster 16.– 22. Juli 1949. Veranstaltungsprogramm, hrsg. v. Hansa-Druck 1949.

GOETHES FAUST. Eine Tragödie mit Holzschnitten nach Zeichnungen von Engelbert Seibertz. Stuttgart 1864. Cotta.

GRÄF, HANS Gerhard, Goethes Ehe in Briefen. Frankfurt 1994. Insel Verlag.

HALLER, BERTRAM, „Ausgesuchteste Bücher in allerhand Sprachen". In: Literatur- Geschichte- Literaturgeschichte. Beiträge zur mädiavistischen Literaturwissenschaft. Festschrift für Volker Honemann zum 60. Geburtstag. Peter Lang, Frankfurt, Berlin, Bern, Bruxelles, New York, Oxford, Wien.

HANSCHMIDT, ALWIN, Der Steinbildhauer Heinrich Fleige. In: „Auf Roter Erde". 1991, Nr. 308.

HOHENHAUSEN, FR. VON, Berühmte Liebespaare. Neue Folge. Leipzig 1876, Bernhard Schlicke.

HOHENHAUSEN, FR. VON, Berühmte Liebespaare, Berlin 1919. A. Weichert.

HOHENHAUSEN, FR. VON, Aus Goethes Herzensleben, Leipzig o.J., A. Bergmann.

HOHOFF, CURT, Johann Wolfgang Goethe. Dichtung und Leben. München 1989. Langen Müller. S. 68, 102–104.

HÜFFER, HERMANN, Zu Goethes Briefwechsel mit der Fürstin Gallitzin. In: Goethejahrbuch 1893 Band 14. Frankfurt 1893.

GRIMM, EMIL LUDWIG. Katalog von Ingrid Koszinowski und Vera Leuschner. Marburg 1990. Hitzeroth.

KABAKOV, ILJA. Der poetische Sendemast. In: Katalog Skulptur, Projekte in Münster 1997, hrsg. von Klaus Bußmann u.a. Verlag Hatje.

KARLICZEK, RAINER, Lokaltermin Münster. Historische Satire. Münster 2008. Aschendorff.

BERND KORZUS (Red.), Katalog Kunst und Kultur im Weserraum 800-1600. Münster LWM.

KEMPMANN, FRITZ, Der Maler Fritz Grotemeyer. Sein Leben und Werk. LIT -Verlag Berlin. 2008.

KNEBEL, KARL, Nikolaus Meyer als Freund Goethes und Förderer des geistigen Lebens in Westfalen. Ein Beitrag zur Geschichte des westfälischen Geisteslebens. Münster 1908. Regensbergsche Buchhandlung.

KOCK, GERHARD HEINRICH, Skulpturprojekte Münster 1997. Dokumentation der Westfälischen Nachrichten.

KATALOG ZUR Stuttgarter Antiquariatsmesse Januar 1999.

KATERKAMP, THEODOR, Denkwürdigkeiten aus dem Leben der Fürstin Amalia von Gallitzin [...]. Münster 1839. Theissingsche Buchhandlung.

KÖHLER, MATHILDE, Amalie von Gallitzin. Ein Leben zwischen Skandal und Legende. Paderborn 1993, Ferdinand Schöningh.

KORTLÄNDER, BERND, Annette von Droste-Hülshoff und die deutsche Literatur. Münster 1979. Aschendorff.

KOSCH, WILHELM. Deutsches Literaturlexikon. 3. Aufl. Bern und München 1991.

KURVERWALTUNG BAD WALDLIESBORN, Kurzeitung. 22. Jahrgang. Juni 1999.

LAMPE, WALTHER, Goethe in Pyrmont. Bad Pyrmont 1949. Friedrich Gersbach

LIEDERBUCH DER GEOGRAFISCHEN GESELLSCHAFT ZU MÜNSTER. Privatdruck 1969.

LUDWIG, FRANZ, Ludwig Wüllner und seine Kunst. Leipzig 1931. Erich Weibezahl.

MANN, THOMAS, Lotte in Weimar. Stockholm 1939, Berwan-Fischer.

MEIER, KLAUS, Simon Rudolph Brandes zum 150. Todestag. In: Deutsche Apotheker Zeitung. 133. Jg. Nr. 8. 1993.

MEIER-LEMGO, KARL. Sein Leben und sein Werk. Bearb. von Imke und Ernst Tappe. Lippischer Heimatbund 1982. F. L. Wagener.

MICHELIS, EDUARD, Lieder aus Westphalen, Luxemburg 1857. Heintze.

MUCKERMANN, FRIEDRICH, Goethe, Essays. Bonn 1931.

MUCKERMANN, FRIEDRICH, Goethe, der Weise. Hsg. von Nanda Herbermann Nachrichten für die Mitglieder des Civilclubs Münster. Nr. 5. Juni 1928.

NORDSIEK, HANS, Zwischen Dom und Rathaus. Beiträge zur Kunst- und Kulturgeschichte der Stadt Minden. Darin: Nicolaus Meyer (1775–1855) und das kulturelle Leben in Minden. 1977.

OELSNER, WOLFRAM, Der Dichterfürst als Schutzpatron des Kölner Karnevals. In: Rheinischer Merkur v. 12. Februar 1999.

PASCH, ODO, Heimkehr. Ein Schattenbild aus Münsters Vergangenheit. In: Pressealmanach Münster 1928. Hrsg. von Jobst Anton Kissenkötter u. C. H. Hillekamps.

PLACHTA, BODO, Literaturvermittlung und Zensur. Die Auseinandersetzungen beim Betreiben einer Leihbibliothek in Münster zwischen 1789 und 1802. In: Zs Westfalen 1988, Band 66.

RASSMANN, CHRISTIAN FRIEDRICH, Nachrichten von dem Leben und den Schriften Münsterländischer Schriftsteller des achtzehnten und neunzehnten Jahrhunderts. Münster 1866. Coppenrath.

RASSMANN, CHRISTIAN FRIEDRICH, Pantheon der Tonkünstler. Quedlinburg 1831.

RATZKA, CLARA, Familie Brake. Berlin 1919, Fleischel. S. 178.

RAUB, WOLFHARD, Melchior Lechter als Buchkünstler. Darstellung, Werkverzeichnis, Bibliographie. Köln 1969, Greven Verlag.

REINHARD, EWALD, Die Münstersche „Familia sacra". Der Kreis um die Fürstin Gallitzin. Fürstenberg, Overberg, Stolberg und ihre Freunde, Münster 1953. Regensberg.

RIBBAT, ERNST, Goethes Gedicht „Der neue Amor". Erinnerungen an seinen Besuch vor 200 Jahren in: Forschungs-Journal der Westfälischen Wilhelms-Universität. 1993. Nr.2.

ROTHERT, HERMANN „Vaterland und Welt muß auf ihn wirken". Goethe in Westfalen. Münster 1949. Regensberg. Bd. 8 d. westfälischen Reihe „Der Schatzkamp".

Schücking, Levin, Die Fürstin Gallitzin und ihre Freunde. In: Rheinisches Jahrbuch für Kunst und Poesie 1/1840. S. 121.

Schücking, Levin/Freiligrath, Ferdinand, Das malerische und romantische Westfalen. 3. A. Paderborn 1890, Schöningh.

Schücking, Levin, Die Ritterbürtigen. 2. Aufl. neu hrsg. von Julius Lothar Schücking, Münster 1927, Ferdinand Theissing.

Schulz, Petra/Erpho Bell: Amalie Fürstin von Gallitzin. „Meine Seele ist auf der Spitze meiner Feder". Katalog zur Ausstellung zum 250. Geburtstag. Münster 1998. Ardey-Verlag.

Schulte, Wilhelm, Westfälische Köpfe. 300 Lebensbilder bedeutender Westfalen. Münster 1963. Aschendorff.

Siewert, Klaus. Münsters Masematte - Gedichte, Geschichten & Karikaturen. Geheimsprachenverlag/GSV 2009.

Sprickmann, Anton Matthias. „Dank Gott und Fürstenberg, dass sie mich auf den Weg brachten". Katalog zur Ausstellung in der Universitäts- und Landesbibliothek Münster. Münster 1999. Ardey Verlag.

Sudhof, Siegfried, Goethes Brief an die Fürstin Gallitzin. In: „Auf Roter Erde", 1976, Nr. 193.

Sudhof, Siegfried, Theobald v. Oer. Eine biographische Skizze. In: Zs Westfalen 36/1958.

Thieme, Ulrich/Felix Becker, Allgemeines Lexikon der bildenden Künstler von der Antike bis zur Gegenwart. Leipzig 1907–1947.

Trunz, Erich, Goethe und der Kreis von Münster. 2. Aufl., Münster 1974, Aschendorff.

Trunz, Erich, Ein Tag aus Goethes Leben. 2. Aufl. München 1990, Beck. S.581.

Vernekohl, Wilhelm, Der Philosoph von Münster. Peter Wust. Ein Lebensbild. Münster 1950. Regensberg.

Volz, Heinz, Westfalen heiter betrachtet. Der fröhliche Reiseführer ins Westfalenland. Mit Zeichnungen von Andreas Rulle. München 1992, Tomus.

Wallmann, Hermann, Du bist schlau, Baum. Goethe und der Gingko: Siegfried Unseld erzählt eine Liebesgeschichte der ganz besonderen Art. Süddeutsche Zeitung vom 2./3. Januar 1998.

Woesler, Winfried. Annette von Droste-Hülshoff. Hist.-Kritische Ausgabe der Werke und Briefe. Tübingen. Max-Niemeyer-Verlag. Band I-XIV.

Wüllner, Ludwig. Sein Leben und seine Kunst. Hrsg. von Franz Ludwig, Leipzig 1931, Erich Weibezahl.

Wukadinovic, Spiridion, Franz von Sonnenberg. Halle (Saale) 1927. Niemeyer.

Wust, Peter, Goethe als Symbol des Abendländischen Geistesschicksals. Hrsg. von Wilhelm Vernekohl. Münster o.J. Regensberg.

Ende der Reise „Campagne in Frankreich"

Abbildungsverzeichnis

Verzeichnis der Abbildungen entspricht der Reihenfolge im Text

Vorspann

- Porträt Johann Wolfgang von Goethe. Kupferstich von Johann Heinrich Lips. 1792. LWL-Landesmuseum für Kunst u. Kulturgeschichte Münster.
- Karte zu Goethes Reisewegen in Deutschland.
- Karte zu Goethes Reiseweg in Westfalen 1792.
- Seiten aus dem Ausgabenbuch des Dieners Paul Götze, hier die Reise durch Westfalen betreffend.
- Fünfspännige Reisekutsche auf der Mecklenbecker-Stiege bei Wind und Wetter. Original verschollen. Im Hintergrund erkennt man schemenhaft die Türme von Münster. Ölgemälde von Fritz Grotemeyer um 1920. Ansichtskarte im Stadtarchiv Münster.
- Goethe 1792 auf seiner Reise zur Campagne in Frankreich. Federzeichnung von Felix Hoffmann. In: F. H.: Kampagne in Frankreich. Basel 1949. Amerbach-Verlag.

Goethes Reise durch Westfalen

- Dorsten. Blick über die Lippe von Norden. Zeichnung von Caroline von Wiek. 1821. In: Westfalia picta. Heimatmuseum Dorsten.
- Goethe auf seiner Reise im Jahr 1792. Federzeichnung von Felix Hoffmann. In: Felix Hoffmann, Kampagne in Frankreich. Basel 1949.
- Dülmen. Stich von Matthäus Merian. 1644. In: Westfalia picta. Blick auf Münster von Süden her. Holzstich um 1830.
- Ansicht der Stadt Münster von Südwesten mit einziehenden Emigranten. Aquarell o. J. Stadtmuseum Münster.
- Der Prinzipalmarkt in Münster. Federzeichnung e. unbek. Künstlers, vor 1783. In: Westfalia picta. Haus Herding an der Rothenburg 2, wo sich der Gasthof „Zur Stadt London" befand.
- Foto Westfälisches Landesdenkmalamt, 1910.
- Das Residenzschloß zu Münster. Guckkastenbild um 1790
- Domherrenkurie Domplatz 11, Wohnung des Franz von Fürstenberg.

- Haus Gallitzin auf der Grünen Gasse 32-34. Foto um 1900. Landesdenkmalamt.
- Abgüsse von Gemmen aus dem Besitz der Fürstin Gallitzin. Weimar Goethesche Sammlungen.
- Fürstbischöfliches Lehngut Althof in Münsters Süden. Zeichnung. In: Chronik Angelmodde 1999. H.6.
- Säulenstumpf auf Gut Althof, dem Minister Fürstenberg gewidmet. Spätere Federzeichnung.
- Franz Freiherr von Fürstenberg im Profil. Zeichnung. In: Von den Musen wachgeküßt [...] Als Westfalen lesen lernte. Abb. 5.
- Amalie von Gallitzin als Pallas Athene. Kupferstich v. Carl Ernst Christoph Heß. ULB Münster.
- Porträt Frans Hemsterhuys. Bleistiftzeichnung. 1773. LWL-Landesmuseum für Kunst- und Kulturgeschichte Münster.
- Johann Heinrich Jacobi im Profil. Zeichnung von Frans Hemsterhuys. Gest. von C. E.C. Heß. 1781. ULB Münster.
- Porträt Fürstin von Gallitzin. Kupferstich von C. E. C. Heß nach einer Zeichnung von Frans Hemsterhuys mit gezeichneter Umrahmung. 1781. Aus dem Stammbuch der Prinzessin Marianne Gallitzin. Privatbesitz.
- Franz Freiherr von Fürstenberg. Gips-Porträtbüste von G. M. Klauer. 1785.
- Die Fürstin Gallitzin mit Franz von Fürstenberg und ihren beiden Kindern während einer Unterrichtsstunde. Hinterglasmalerei. Original im Stadtmuseum Münster.
- Anton Matthias Sprickmann mit Lockenkopf im Oval. Zeichnung.
- Johann Wolfgang von Goethe mit Mozartzopf im Oval. Kreide. 1776. Stiftung Weimarer Klassik.
- Hamanns Grab im Garten der Fürstin Gallitzin. Zeichnung von Georg Heinrich Nicolovius, 1789.
- Zeus-Gemme. Zeichnung von Felix Hoffmann. In: F. H.: s.o.
- Hamanns Grabstein. Zeichnung von Frans Hemsterhuys. In: Carl Carvacchi, Denkwürdigkeiten aus dem Leben von F. Hemsterhuys. Münster 1852. Regensberg.
- Alter Postweg bei Neuenkirchen. Fotografie 1920.

Auf der Weiterfahrt bis Kassel

- Telgte mit Mühle und Emsbrücke. Holzschnitt von Heinrich Ewertz. Um 1930.
- Ansicht der Stadt Warendorf a. d. Ems. Kupferstich von Johannes Gigas. 1615.
- Alte Posthalterei auf der Osttraße 12 in Warendorf. Fotografie.
- Klosteranlage Clarholz, Ansichtskarte um 1960.
- Klosteranlage Herzebrock, Ansichtskarte 1960.
- Alte Posthalterei in Neuenkirchen (inzwischen abgerissen). Foto um 1920.
- Alter Postweg bei Neuenkirchen. Fotografie um 1920.
- Die Stadt Paderborn. Kupferstich o.J.
- Lichtenau am Eggegebirge mit Wehrspeicher. Ansichtskarte um 1970.
- Goethes Reisewagen in der „Wüstenei Westfalens". Federzeichnung von Felix Hoffmann. 1949. In: s.o.
- Ossendorf, letzte Poststation Westfalen. Holzschnitt.

Goethes Reise nach Bad Pyrmont

Im Kurort

- First View of Pyrmont. Kupferstich n. e. Gemälde von Christian Georg Schütz. London 1782. In: Dieter Alfter (Hrsg.), Badegäste der Aufklärung in Bad Pyrmont 1994. Schriftenreihe des Museums im Schloss Bad Pyrmont. Nr. 25.
- Straße Am Hylligen Born. Kolorierter Kupferstich. Um 1800.
- Erste Ansicht der Promenade von Bad Pyrmont (Ausschnitt). Kolorierter Kupferstich, Guckkastenblatt. Akademische Kunsthandlung Augsburg um 1785/90. In: Katalog: Badegäste der Aufklärungszeit in Pyrmont. 1995.
- Brunnenplatz in Bad Pyrmont um 1850. Aus der Serie „Historische Ansichten von Bad Pyrmont", Ansichtskarte Otto Uhlmann-Verlag in Bad Pyrmont.
- Historische Ansichten von Bad Pyrmont.
- Fontäne in Bad Pyrmont. Ansichtskarte o. J
- Stammbuchblatt für Dorothea Caroline Scholing in Bad Pyrmont von Goethe.
- Widmungsgedicht an einen Pyrmonter Freund von Goethe.
- Schloss der Grafen von Waldeck-Pyrmont. Federzeichnung von Dorothea Hauer. In: Ludwig Sternaux. Schattenspsiel um Goethe. Bielefeld und Leipzig 1925. Velhagen und Klasing.
- Die Dunsthöhle bei Bad Pyrmont. Kolorierter Stahlstich um 1850.

In der Umgebung von Bad Pyrmont

- Franziskanerkloster in Lügde. Alte Ansichtskarte o. J.
- Fachwerkhäuser in Lügde. Fotografie aus Wikipedia.
- Kilianskirche in Lügde. Federzeichnung von Karl Meier-Lemgo. In: Tappe, Imke und Ernst, Karl Meier-Lemgo 100 Jahre. Detmold 1982.
- Die Externsteine. Gesamtansicht. Stahlstich v. Carl Mayere. 2. Hälfte 19. Jh.
- Die Externsteine. Detailansicht Kreuzabnahme. Foto aus Wikipedia.
- Goethehaus 2010. In: Prospekt Hotel Goethehaus. Ilse Kobari-Meinert
- Goetheporträt in Bad Pyrmont. Ölgemälde von Prof. Schmidt. 1924. Foto: Frau Petra Tellman in der Kurverwaltung.
- Goethes Reisewagen vor seinem Haus am Frauenplan. Federzeichnung von Dorothea Hauer. In: Ludwig Sternaux, Schattenspiel um Goethe. Bielfeld und Leipzig 1925. Velhagen und Klasing.

Goethes westfälische Bekannte

- Wasserschloss der Fürsten zu Bentheim-Steinfurt in Burgsteinfurt. Holzschnitt von Heinrich Everz. Um 1920.
- Plan des Bagno in Burgsteinfurt. Kupferstich von 1792. In: Karl Georg Döhmann, Geschichte des Fürstlich Bentheimischen Parks Bagno bei Burgsteinfurt. T.1. Burgsteinfurt 1907.
- Porträt Justus Möser. Radierung mit Punktierstich. 1777. Privatbesitz.
- Porträt Heinrich Jung-Stilling. Aus: Wikipedia.
- Jugendporträt Anton Matthias Sprickmann im Oval. Federzeichnung v. Carl. Josef Haas. Um 1775. LWL-Landesmuseum f. KuKG Münster.
- Porträt Franz von Sonnenberg Kupferstich.1808. In: F. G. Gruber, Franz von Sonnenberg.
- Porträt Werner Freiherr von Haxthausen. Zeichnung von Ludwig Emil Grimm. 1830. In: Katalog.
- Ludwig Emil Grimm. Zeichnung. u. Gemälde. Marburg 1990. Hitzeroth.
- Porträt Christian Wilhelm von Dohm im Profil. LAV NRW OWL, D 75 Nr. 5225. Landesarchiv Detmold.
- Porträt Karl Reichsfreiherr vom und zum Stein. Kupferstich um 1820. Privatbesitz.
- Selbstporträt Ernst von Valentini. Aus Wikipedia.

- Porträt Raimund Brandes. In: Meier, Klaus, Simon Rudolph Brandes.
- Zum 150. Todestag. In: Deutsche Apotheker Zeitung. 133. Jg. Nr. 8. 1993.
- Porträt Hyazinth Kistemaker. Kupferstich. Oppermann del. F. Fleischmann gest. Privatbesitz.
- Porträt Theodor Katerkamp. Kupferstich. Bauer del., Schuler gest. Privatbesitz.
- Titelblatt von Theodor. Katerkamp: Denkwürdigkeiten aus dem Leben der Fürstin Gallitzin. Münster 1836.

Äußerungen zu Goethe aus Westfalen

- Porträt Franz Casper Buchotz. Ölgemälde von Johann Christoph Rincklake. In: Hildegard Westhoff Krummacher J.C. Rincklake. Ein westfälischer Bildnismaler. München, Berlin 1984. Deutscher Kunstverlag.
- Haus Perrenon auf der Rothenburg 34. Federzeichnung o.J. von Sander.
- Titelblatt zu „Stella" aus dem Verlag Perrenon. Münster 1776.
- Titelblatt zu „Poetische Chrestomathie zum Gebrauche der vierten und fünften Schule der Gymnasien im Hochstift Münster". Aschendorff 1800.
- Porträt Annette von Droste-Hülshoff. Kopie nach einem Aquarell-Miniatur. von Jenny von Droste-Hülshoff. 1820.
- Porträt Christoph Bernhard Schlüter. Zeichnung 1852. Stadtarchiv Münster.
- Porträt Christian Dietrich Grabbe. Fotografie o. J.
- Porträt Levin Schücking. Stahlstich.o. J. Privatbesitz.
- Porträt Karl Leberecht Immermann. Stahlstich. Meisenbach. Riffarth & Co. Berlin.
- Brief Immermanns an Goethe vom 14. Mai 1820.
- Porträt Eduard Michelis. In: E. M. Lieder aus Westfalen. Luxemburg 1857, Heintze.
- Elisabeth Ney mit Werkzeug. Federzeichnung von A. Bock. In: Neue freie Volkszeitung Nr. 148 vom 29.6.1937.
- Haus Angelmodde an der Angel. 1875. Lithografie n. e. Zeichnung. In: Paul Löbker. Das Büchlein von Angelmodde oder die Fürstin von Gallitzin und ihr Kreis.
- Porträt Ludwig Wüllner. Bleistiftzeichnung von Emil Orlik. In: Franz Ludwig, Ludwig Wüllner. Sein Leben und seine Kunst. Leipzig 1931. Erich Weibezahl-Verlag.
- Porträt Hermann Hüffer. Fotografie um 1890.

- Buchdeckel. Rüdiger Bernhard: „Ich bestimme mich selbst. Das traurige Leben des glücklichen Peter Hille".
- Porträt Augustin Wibbelt. Nach einer Federzeichnung von Ferdinand Spindel, reproduziert auf der Titelseite der Zs „Die christliche Familie". Essen 1952, später auf dem Buchdeckel der Jahrbücher der Augustin-Wibbelt-Gesellschaft.
- Porträt Clara Ratzka geb. Ernst. Ölgemälde von Arthur Ludwig Ratzka (Teilansicht) 1914. Original veschollen.
- Porträt Edith Stein. 1926. Fotografie aus Wikipedia.
- Titelblatt zu dem Buch „Goethe" von Friedrich Muckermann. Fotografie aus Wikipedia.
- Porträt Peter Wust. Fotografie o.J.
- Schmisinger Hof auf der Neubrückenstraße, ehemaliges Heim des Civilclubs Münster. Aquarell von Karl Determeyer. Civilclub Münster.
- Porträt Erich Trunz. Aus Wikipedia.
- Der einzige Brief. Autograf von J. W. v. Goethe an die Fürstin v. Gallitzin. Seite 1. Unversitäts- und Landesbibliothek Münster.
- Goethestraße in Münster. Foto von Helmut Folkerts 2010.
- Buchdeckel Faustische Welt von Alwin Binder.
- Foto Mathilde Köhler. In: Köhler, Mathilde: Amalie von Gallitzin. Ein Leben zwischen Skandal und Legende, Paderborn 1993.
- Wibbelt-Freunde mit der Goethebüste von Achilles Moorgard. In: Zs Westfalium. Nr. 32. Winter 2009.

Goethe und die Bildende Kunst

Der Dichter schätzte einige westfälische Künstlerarbeiten

- Kreuzabnahme an den Externsteinen.
- Silberne Taufschale aus dem Kloster Cappenberg. Original im Kunstgewerbemuseum Berlin.
- Der Tanz der Herodias. Kupferstich von Israhel van Meckenem. Um 1500. LWL-Landesmuseum für Kunst u. Kulturgeschichte Münster.
- Selbstporträt des Ernst von Valentini. Ölgemälde aus Wikipedia.
- Zeusgemme. Federzeichnung von Felix Hoffmann. In: s.o.

Westfälische Künstler

- Dichterfürst Goethe. Federzeichnung von Engelbert Seibertz. 1868. In: Goethes Faust. Mit Holzschnitten nach Zeichnungen von E. S. Stuttgart.
- Das schönste Bild von einem Weibe. Federzeichnung v. Engelbert Seibertz. In: s.o.
- Die Fürstin Amalie von Gallitzin im Kreise ihrer Freunde. Ölgemälde von Theobald von Oer, 1864. LWL-Landesmuseum für Kunst und Kulturgeschichte Münster.
- Goethe im Kreis von Münster bei den Gemmen. Ölstudie von R. Th. von Oer. 1865. Privatbesitz.
- Illustration zum Goethegedicht „Der Zauberlehrling". Zeichnung von R. Theobald von Oer.
- Illustration zum Gedicht „Ilmenau". Bleistiftzeichnung mit Weißhöhungen von R. Th. von Oer. Goethemuseum Düsseldorf.
- Goethe und Karl August von Sachsen-Weimar auf einem Berggipfel. Federzeichnung v. R. Th. von Oer. In: Bulau, Friedrich, Die deutsche Geschichte in Bildern nach Originalzeichnungen deutscher Künstler mit erklärendem Text. Band 3. Meinhold u. Söhne. Dresden 1862. Museum Abtei Waldliesborn.
- Illustration zu dem Gedicht „Johanna Sebus". Zeichnung von R. Th. von Oer.
- Illustration zu Faust in der Studierstube. Zeichnung von Fritz Grotemeyer. In: Zs für Moderne Kunst. Band 19. Berlin 1904 und in Fritz Kempmann, Der Maler Fritz Grotemeyer. Sein Leben und Werk. Münster 2008. LIT-Verlag.
- Selbstporträt Anton Rüller. Zeichnung. 1900.
- Westportal der Lambertikirche mit vier Evangelisten-Figuren. Foto Helmut Folkerts.
- Der Evangelist Lukas mit den Gesichtszügen Goethes am Westportal der Lambertikirche in Münster. Steinskulptur von Anton Rüller (Teilansicht), 1911. Foto Westfälische Wilhelms-Universität Münster.
- Figuration am Westportal der Lambertikirche. Foto Helmut Folkerts.
- Innentitel des Buches „Goethe und seine Freunde im Briefwechsel" mit Buchschmuck von Melchior Lechter, 1909.
- Buchseite aus „Goethegedichte" mit Buchschmuck von Melchior Lechter, 1901.
- Bronzeplatte mit den Porträts Goethes und der Fürstin am Haus Grüne Gasse 32-34. von Aloys Röhr.1920.
- Sandsteingedenktafel am Haus des wiederaufgebauten Annette-Gymnasiums. In: „Münsterischer Stadtanzeiger" vom 18. September 1959.

- Buchdeckel „Goethe und Westfalen". Holzschnittentwurf von Waldemar Mallek. 1949.
- Goethes Reisewagen auf der Grünen Gasse. In: Westfälischer Heimat-Kalender 1957, aus der Serie „Dichterstätten in Westfalen". Holzschnitt von Hans Pape. 1956.
- Fürstin Gallitzin mit grünem Kleid. Ölgemälde von Bernhard Peppinghege. Heimatmuseum Gallitzin-Haus in Angelmodde.
- Goethekomposition aus der Folge "Goetheserigrafien" der Reihe „Stadtansichten, Serigrafien aus Münster" von Hans Kröger. 1999.
- Plakette mit Goethekopf. Bronze 1999 von Rudolf Breilmann.
- Illustration zu dem Gedicht „Gesang der Geister über den Wassern". Serigrafie Malerei von Bernd Fülster. Edition Depping Münster 1999.

Andere Künstler mit Arbeiten im Standort Münster

- Fürstin Gallitzin empfängt Goethe. Federzeichnung von Felix Hoffmann 1949. In: Kampagne in Frankreich 1792. Basel 1949. Ambach-Verlag.
- Goethe im Kreis der Münsteraner beim Gemmenstudium. Federzeichnung 1949. In: s.o.
- Zeusgemme. Federzeichnung von Felix Hoffmann. In: s.o.
- Eduardo Chillidas Objekt „Toleranz durch Dialog" im Rathausinnenhof.
- Federzeichnung von Bernt Droste.
- „Blickst Du hinauf und liest die Worte". Siebdruck auf Papier von Ilja Kabakov. 1977. Privatbesitz.

Gemme mit Damenporträt im Profil

Goethekarikaturen

- Anna von Haxthausen beim Dichten. Karikatur. Zeichnung von Ludwig Grimm. 1826 In: Katalog Ludwig Emil Grimm. Zeichnungen und Gemälde. Marburg 1990. Hitzeroth.
- Goethes große Verbeugung vor der Fürstin Gallitzin. Federzeichnung von Waldemar Mallek. In: Prospekt Münster. Westfalens schöne Hauptstadt. Münster 1952.
- Der ältere Goethe trifft auf die Fürstin von Gallitzin. Federzeichnung von Andreas Rulle. In: „West-fa-len heiter betrachtet". München 1992. Tomus Verlag.
- Die Fürstin hilft dem durchnässten Goethe in die Unterwäsche ihres Mannes. Zeichnung von Werner Benkhoff. In: Katalog „Oh, grüß dich Gott, Westfalenland". Münster 2009.
- Goethe erholt sich im Liegestuhl in Angelmodde. Aquarellierte Federzeichnung von Rainer Karliczek. In: Lokaltermin in Münster. Historische Satire in 12 Akten und 70 Bildern. Münster 2008. Aschendorff.
- Kirche zu Angelmodde mit dem Friedhof und dem Gallitzin-Grab. Federzeichnung von Otto Modersohn. In: Karlheinz Pötter, Otto Modersohn in und um Münster. Stadtmuseum Münster 1993.

Westfälische Komponisten vertonen Goethetexte

- Porträt Andreas Romberg. Ölgemälde von Johann Christoph Rincklake(?) Hamburg Museum.
- Porträt Alphons von Vagedes. Kopie e. Ölgemäldes von Carl Josef Haas.
- Portät Annette von Droste-Hülshoff. Holzschnitt von Otto Pankok. 1949.
- Ende der Reise „Campagne in Frankreich". Federzeichnung von Felix Hoffmann. In: s.o.

Impressum

Diese Schrift wurde im August 2010 fertiggestellt.

Sie beruht auf meinem Aufsatz „Weimars Dichterfürst und Westfalen", der 1982 in der Beilage „Auf Roter Erde" mit der Nummer 243 der „Westfälischen Nachrichten" erschien ist, und auf meiner Veröffentlichung „Johann Wolfgang von Goethe, seine Beziehungen zur Fürstin Amalie von Gallitzin, dem Kreis von Münster und anderen Westfalen" aus dem Jahr 1999.

Das Umschlagbild „Die Fürstin von Gallitzin zeigt Goethe die Gemmen-Sammlung" geht zurück auf das gleichnamige Gemälde von dem Historienmaler Reinold Theobald von Oer.
Der Titel dieses Buches ergibt sich aus der allgemeinen Stimmung zu Goethe in Westfalen zu Anfang des 19. Jahrhunderts und auch später.

Druck und Bindung: LIT-Verlag, Grevener Straße/Fresnostraße 2 in 48159 Münster.

Liselotte Folkerts
Friedr.-Wilh.-Weber-Str. 3
48147Münster

Dank

Mein Dank geht an

Herrn Prof. Dr. Martin Blindow, Professor für Musikwissenschaften,
Herrn Dr. Gerd Dethlefs vom LWL-Landesmuseum für Kunst- und Kultur-
geschichte,
Ehepaar Ingrid und Volker Eckhardt,
Herrn Bibliotheksdirektor M. A. Reinhard Feldmann von der Universitäts-
und Landesbibliothek Münster,
Frau Ursula Grimm vom LWL-Landesmuseum für Kunst- und Kulturge-
schichte,
Herrn Dr. Jochen Grywatsch, Leiter der Droste-Forschungsstelle,
Herrn Dr. Klaus Meier, Ehrenpräsident des Westfälischen Apothekerver-
eins,
Herrn Dr. Hermann Niebuhr vom Archiv Ostwestfalen-Lippe in Detmold,
Familie Clemens Freiherr von Oer in Legden,
Herrn Dr. Bennie Priddy vom Museum Abtei Liesborn,
Frau Irmgard Pelster vom Stadtarchiv Münster,
Frau Petra Tellmann von der Kurverwaltung Bad Pyrmont,
Frau Regine Zeller vom Goethemuseum Düsseldorf
und an Herrn Christian Holger Dölle für die Layoutumsetzung und Be-
treuung.

Zuletzt danke ich wieder einmal meinem lieben Ehemann Helmut Folkerts
für immerwährenden Beistand.
Auch allen anderen namentlich nicht genannten Rechtsinhabern bin ich zu
Dank verpflichtet.

Liselotte Folkerts

Die Autorin auf der „Goethebank" vor dem Museum in Ilmenau.